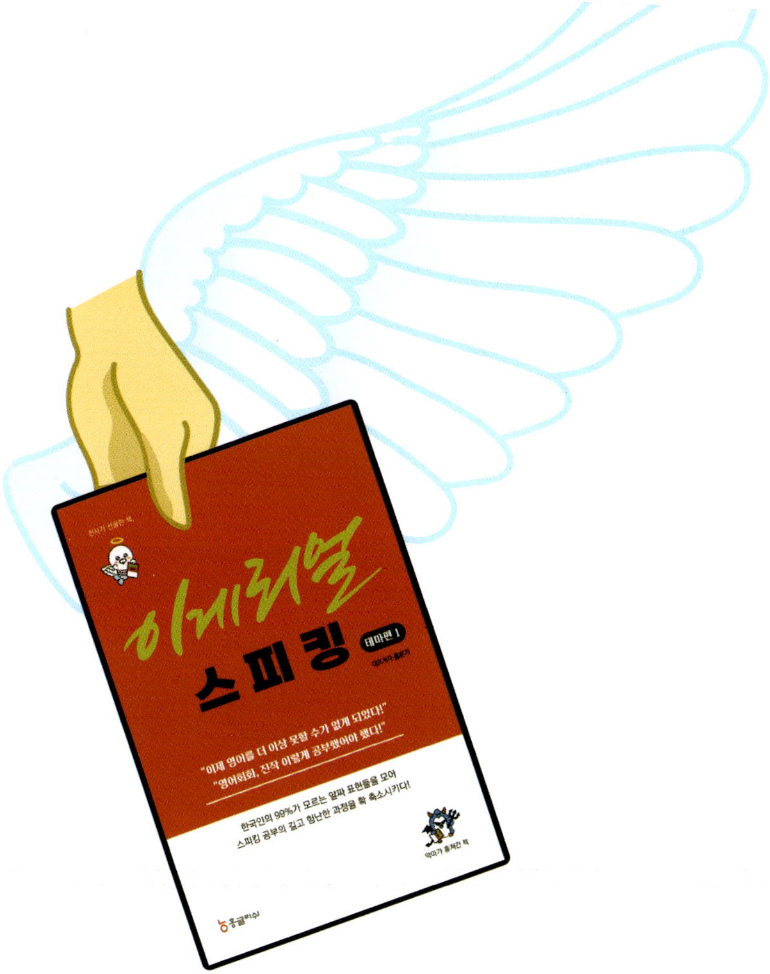

이게리얼
스피킹
테마편 1
"이제 영어를 더 이상 못할 수가 없게 되었다!"
"영어회화, 진작 이렇게 공부했어야 했다!"
한국인의 99%가 모르는 알짜 표현들을 모아
스피킹 공부의 길고 험난한 과정을 확 축소시키다!

천사가 선물한 책

이게리얼 스피킹 테마편 1

초판 1쇄 인쇄　2023년 3월 13일
초판 1쇄 발행　2023년 3월 20일

지은이	홍문기, 이영주, 홍혜성, 홍혜리
펴낸이	이영주
펴낸곳	홍글리쉬

편집장	홍혜성
표지디자인	홍혜성
내지디자인	홍혜성
조판	홍혜성
일러스트	홍혜리
캘리그라피	왕지민

주소	충청남도 천안시 서북구 차암동 비즈타워
문의	www.honglishclass.net

출판등록	제2023-000015호
ISBN	978-89-98466-61-9

저작권자 © 2023, 홍문기, 이영주, 홍혜성, 홍혜리
본 교재의 독창적인 내용에 대한 일체의 무단 전재 및 모방은 법률로 금지되어 있습니다.
파본은 교환해 드립니다.

COPYRIGHT © 2023, Hong Moon Ki, Lee Young Joo, Hong Hyeseong, Hong Hyeri
All rights reserved. No part of this publication may be reproduced,
stored in a retrieval system, or transmitted in any form or by any means,
electronic, mechanical, photocopying, recording, or otherwise,
without the prior permission of the copy right owner.

공부 시작 전 각오와 평가

공부 시작일	
공부 시작 전 각오	
공부 종료일	
공부 종료 후 평가	

"Studying is not everything in life,
but if you are unable to conquer studying,
which is only a part,
what will you be able to achieve in life?"

공부가 인생의 전부는 아니다.
그러나 인생의 전부도 아닌 공부 하나도
정복하지 못한다면 과연 무슨 일을 할 수 있겠는가?

- 하버드대학교 도서관 명언 -

이게리얼
스피킹 테마편 1

홍글리쉬

이게리얼 스피킹 테마편 1

초판 1쇄 발행　2023년 3월 20일

지은이	홍문기, 이영주, 홍혜성, 홍혜리
펴낸이	이영주
펴낸곳	홍글리쉬

편집장	홍혜성
표지디자인	홍혜성
내지디자인	홍혜성
조판	홍혜성
일러스트	홍혜리
캘리그라피	왕지민

주소	충청남도 천안시 서북구 차암동 비즈타워
문의	www.honglishclass.net

출판등록	제2023-000015호
ISBN	978-89-98466-61-9

저작권자 ⓒ 2023, 홍문기, 이영주, 홍혜성, 홍혜리
본 교재의 독창적인 내용에 대한 일체의 무단 전재 및 모방은 법률로 금지되어 있습니다.
파본은 교환해 드립니다.

COPYRIGHT ⓒ 2023, Hong Moon Ki, Lee Young Joo, Hong Hyeseong, Hong Hyeri
All rights reserved. No part of this publication may be reproduced,
stored in a retrieval system, or transmitted in any form or by any means,
electronic, mechanical, photocopying, recording, or otherwise,
without the prior permission of the copy right owner.

머리말

세계적으로 머리가 좋은 민족들 중 대표 민족인 우리 한민족!
모든 것에 뛰어난데 영어로 말하는 것만은 왜 이리도 지지부진할까요?

말이란 하나하나의 단어가 개별적/독립적으로 쓰이는 것이 아니라, 여러 단어들이 함께 거의 습관적으로 하나의 묶음(의미단위로)으로 표현되는 것이기에, 우리 자신만이 아니라 특히 우리의 자녀들은 하루라도 빨리 개별적 단어 암기를 의미덩어리(a chunk of words) 암기로 과감히 전환해야 합니다. 이를 통해 영어공부에 투자한 시간과 노력은 우리의 소통능력(Speaking & Writing)을 실질적으로 크게 향상시키는 발판이 될 수 있을 것입니다.

또한, 일상적인 대화는, 우리나라 중학교 영어 수준의 어휘로 거의 이루어지기에 이들 어휘들의 다양한 쓰임을 제대로 익히는데 집중하고, 전문적 용어는 필요시 따로 익히는 것으로 충분합니다.

냉정히 스스로를 돌아보면 영어를 못할 수밖에 없었던 근본적인 원인이 드러납니다. 즉, 일상대화의 다양한 주제에 대한 실생활에 꼭 필요한 하나하나의 구체적인 표현에 대해 공부를 제대로 하지 않았기에, 당연히 이를 영어로 표현할 수 없습니다.

마지막으로 이 책에서는 다루지 않지만, 정확하고 수준 있는 소통을 위해 영작공부도 꼭 하시면 좋겠습니다. 제안드리는 이 모든 것을 다 하신다면 여러분은 영어로 보다 더 큰 세상을 만들어 가실 수 있으리라 확신합니다.

스피킹이 필요한 모든 분들께 좋은 선물이 되기를 바라는 마음으로 집필하였습니다. 많은 분들께 도움이 되길 희망합니다. 감사합니다.

공동 저자 홍문기, 이영주, 홍혜성, 홍혜리

이 책의 특징

① 영어 초보자들을 위한 어휘 사전 추가!

표현에 사용된 어휘 가운데 모르는 어휘의 뜻을 찾아보는 수고를 덜어드리기 위해 주요 표현에 사용된 단어에 대한 뜻을 제공하여 학습자 입장에서 편하게 볼 수 있도록 구성하였습니다.

② 실생활에서 중요한 다양한 표현 수록!

영어를 잘하는 사람들도 잘 모르지만, 실생활에서는 널리 쓰이는 표현들을 다양하고 풍부하게 담았습니다.

③ 다양한 비유적 표현 수록!

무미건조한 공식적 표현에 국한된 것이 아니라 영어가 모국어인 원어민들도 놀랄 정도의 다양한 비유적 표현을 담았습니다.

④ 2단계 REVIEW TEST 제공!

REVIEW TEST 1, 2를 통해 매일 매일 자신이 공부한 표현들을 확실히 체화하였는지 점검할 수 있도록 하였습니다.

⑤ BONUS STAGE 제공!

BONUS STAGE를 통해 주제와 관련된 표현과 어휘들을 추가적으로 학습할 수 있도록 구성하였습니다.

⑥ MP3 파일 제공!

각 표현에 관한 MP3 파일을 홈페이지에서 제공해 드립니다.
홍글리쉬 홈페이지 ▶ www.honglishclass.net

이 책의 활용법

① 반복 암기하며 확실하게 학습하세요!

언어 학습의 핵심 중 하나는 반복 학습입니다.
공부한 표현을 오래 기억할 수 있도록 최소 2회독 이상
반복 암기하시는 것을 적극 추천 드립니다.

② REVIEW TEST도 반복 활용하세요!

월요일에 이 책을 공부하기 시작하셨다는 상황을 가정할 경우,
월요일 아침부터 저녁까지 DAY 1에 해당하는 표현들을 암기하신 후
월요일 저녁에 REVIEW TEST를 통해 암기 상태를 1차 점검하세요.
그런 후 화요일 아침에 DAY 1에 대한 표현들을 다시 빠르게 암기하신 후
DAY 1에 대한 REVIEW TEST를 보는 방식으로 반복 활용하세요.
이렇게 이중 점검을 하신다면 더 견고하게 암기하실 수 있으실 겁니다.

③ 이런 마음으로 학습하세요!

이 책을 통해 배우는 표현들은 내 평생 자산이 되는것들이고,
내 노력에 비례하여 소중한 내 자산이 늘어난다는 확신과
즐거운 마음으로 저축하듯이 매일 끈기있게 공부하세요.

④ 연구결과로 밝혀진 암기한 것을 오래 기억하는 방법!

한 연구결과에 의하면, 암기한 것을 오래 기억하기 위한 방법 중
하나는 바로 입으로 소리 내서 공부하는 것이라고 합니다.

실제로 A, B 그룹 모두에게 주어진 단어를 암기할 시간을
동등하게 준 실험에서 눈으로만 단어를 암기한 A 그룹과 입으로
소리 내서 단어를 암기한 B 그룹 사이의 암기 테스트 결과의 격차는
뚜렷하였다고 합니다. 따라서 가능하면 입으로 소리 내서 암기해보세요.

목차

PART 1   수면, 꿈
- **DAY 01**   수면, 꿈 1   10
- **DAY 02**   수면, 꿈 2   16
- **DAY 03**   수면, 꿈 3   22
- **DAY 04**   수면, 꿈 4   28
- **DAY 05**   수면, 꿈 5   34

PART 2   먹는 것
- **DAY 06**   먹는 것 1   44
- **DAY 07**   먹는 것 2   50
- **DAY 08**   먹는 것 3   56
- **DAY 09**   먹는 것 4   62

PART 3   사랑, 연애, 결혼
- **DAY 10**   사랑, 연애, 결혼 1   74
- **DAY 11**   사랑, 연애, 결혼 2   80
- **DAY 12**   사랑, 연애, 결혼 3   86
- **DAY 13**   사랑, 연애, 결혼 4   92
- **DAY 14**   사랑, 연애, 결혼 5   98
- **DAY 15**   사랑, 연애, 결혼 6   104
- **DAY 16**   사랑, 연애, 결혼 7   110

PART 4   대인관계
- **DAY 17**   대인관계 1   120
- **DAY 18**   대인관계 2   126
- **DAY 19**   대인관계 3   132
- **DAY 20**   대인관계 4   138

PART 5   날씨, 기후
DAY 21	날씨, 기후 1	148
DAY 22	날씨, 기후 2	154
DAY 23	날씨, 기후 3	160

PART 6   건강, 질병, 통증
DAY 24	건강, 질병, 통증 1	170
DAY 25	건강, 질병, 통증 2	176
DAY 26	건강, 질병, 통증 3	182
DAY 27	건강, 질병, 통증 4	188
DAY 28	건강, 질병, 통증 5	194
DAY 29	건강, 질병, 통증 6	200
DAY 30	건강, 질병, 통증 7	206

PART 7   학교, 수업
DAY 31	학교, 수업 1	216
DAY 32	학교, 수업 2	222
DAY 33	학교, 수업 3	228
DAY 34	학교, 수업 4	234

PART 8   가격, 협상
DAY 35	가격, 협상 1	244
DAY 36	가격, 협상 2	250
DAY 37	가격, 협상 3	256
DAY 38	가격, 협상 4	262

PART 9   시간
DAY 39	시간 1	272
DAY 40	시간 2	278

PART 1

수면, 꿈

DAY 01 수면, 꿈

01 ☐☐☐
~시로 알람을 맞추다

set the alarm for
I **set the alarm for** 7.
나는 7시로 알람을 맞췄다.

02 ☐☐☐
자러 가다

be off to bed
I'**m off to bed**. 나 자러 갈게.

03 ☐☐☐
알람 소리를 못 듣고 계속 자다

sleep through the alarm
He **slept through the alarm** this morning.
그는 오늘 아침 알람 소리를 못 듣고 계속 잤다.

04 ☐☐☐
자다, 잠자리에 들다

hit the pillow
= hit the hay
= hit the sack
I want to **hit the pillow now**.
나 지금 자고 싶어.

05 ☐☐☐
바로 잠이 들다

go(=be) out like a light
As soon as he lied on the bed,
he **went(=was) out like a light**.
그는 침대에 눕자마자 바로 잠이 들었다.

10 이게리얼 스피킹 테마편 1

06 ☐☐☐

곤히 잠들다(잠자다)

**sleep like a baby
= be(=go) fast asleep**

She is **sleeping like a baby**.
그녀는 곤히 잠자는 중이다.

07 ☐☐☐

세상모르고 잠을 자다

**sleep like a log(=top)
= be dead to the world**

Mike is **sleeping like a log**.
Mike는 세상모르고 잠을 자는 중이다.

어휘 사전
*log 통나무   *top 팽이

08 ☐☐☐

잠들면 업어 가도 모른다

**be a heavy sleeper
= be a deep sleeper**

My uncle **is a heavy sleeper**.
내 삼촌은 잠들면 업어 가도 몰라.

09 ☐☐☐

잠귀가 밝다

be a light sleeper

I**'m a light sleeper**.
나는 잠귀가 밝아.

10 ☐☐☐

그동안 못 잔 잠을 자다

catch up on sleep

I'm going to **catch up on sleep** this weekend.
난 이번 주말에 밀린 잠을 잘 거야.

11 ☐☐☐

침대에 오줌을 싸다, 자다가 오줌을 싸다

wet the bed

My son sometimes **wets the bed**.
내 아들은 가끔 침대에 오줌을 싼다.

12 ☐☐☐

하루 종일 자다

sleep around the clock

His two-month-old baby **sleeps around the clock**.
그의 두 달된 아기는 하루 종일 잔다.

13 ☐☐☐

(일부러/평소보다) 늦잠을 자다

sleep in

Many husbands **sleep in** on the weekend.
많은 남편들은 주말에는 평상시 보다 늦잠을 잔다.

14 ☐☐☐

(뜻하지 않게) 늦잠을 자다

oversleep

I was late for school because I **overslept**.
나는 늦잠을 자서 학교에 늦었다.

15 ☐☐☐

금방이라도 쓰러져 잠들 것 같다

be ready to drop

You seem to **be ready to drop**.
너는 금방이라도 쓰러져 잠이 들 것 같아.

16 ☐☐☐
자리에 눕자마자 자다

fall asleep as soon as one's head hits the pillow

Marie **falls asleep as soon as her head hits the pillow**.
Marie는 자리에 눕자마자 잔다.

17 ☐☐☐
밤을 새우다

stay(=sit) up all night
= pull an all-nighter

I had to **stay(=sit) up all night** last night.
나는 어제 밤에 밤을 꼬박 새야 했어.

18 ☐☐☐
너 아직 안 자고 뭐해?

Why are you still up?

Why are you still up?
너 아직 안 자고 뭐 하는 거야?

19 ☐☐☐
잠이 안 오다

can't sleep

I **can't sleep**.
나 잠이 안 와.

20 ☐☐☐
하룻밤 자면서 생각해 보다

sleep on it

Can I **sleep on it** and let you know tomorrow?
하룻밤 자면서 생각해 보고 내일 알려줘도 될까?

REVIEW TEST 1

 주어진 우리말을 영어로 말해보고, 틀린 표현이 있다면 체크하세요.

- ☐ ~시로 알람을 맞추다
- ☐ 자러 가다
- ☐ 알람 소리를 못 듣고 계속 자다
- ☐ 자다, 잠자리에 들다
- ☐ 바로 잠이 들다
- ☐ 곤히 잠들다(잠자다)
- ☐ 세상모르고 잠을 자다
- ☐ 잠들면 업어 가도 모른다
- ☐ 잠귀가 밝다
- ☐ 그동안 못 잔 잠을 자다

- ☐ 침대에 오줌을 싸다, 자다가 오줌을 싸다
- ☐ 하루 종일 자다
- ☐ (일부러/평소보다) 늦잠을 자다
- ☐ (뜻하지 않게) 늦잠을 자다
- ☐ 금방이라도 쓰러져 잠들 것 같다
- ☐ 자리에 눕자마자 자다
- ☐ 밤을 새우다
- ☐ 너 아직 안 자고 뭐해?
- ☐ 잠이 안 오다
- ☐ 하룻밤 자면서 생각해 보다

REVIEW TEST 2

 주어진 우리말을 영어로 말해보고, 틀린 표현이 있다면 체크하세요.

☐ 나는 7시로 알람을 맞췄다.

☐ 나 자러 갈게.

☐ 그는 오늘 아침 알람 소리를 못 듣고 계속 잤다.

☐ 나 지금 자고 싶어.

☐ 그는 침대에 눕자마자 바로 잠이 들었다.

☐ 그녀는 곤히 잠자는 중이다.

☐ Mike는 세상모르고 잠을 자는 중이다.

☐ 내 삼촌은 잠들면 업어가도 몰라.

☐ 나는 잠귀가 밝아.

☐ 난 이번 주말에 밀린 잠을 잘 거야.

☐ 내 아들은 가끔 침대에 오줌을 싼다.

☐ 그의 두 달된 아기는 하루 종일 잔다.

☐ 많은 남편들은 주말에는 평상시 보다 늦잠을 잔다.

☐ 나는 늦잠을 자서 학교에 늦었다.

☐ 너는 금방이라도 쓰러져 잠이 들 것 같아.

☐ Marie는 자리에 눕자마자 잔다.

☐ 나는 어제 밤에 밤을 꼬박 새야 했어.

☐ 너 아직 안 자고 뭐 하는거야?

☐ 나 잠이 안 와.

☐ 하룻밤 자면서 생각해 보고 내일 알려줘도 될까?

DAY 02   수면, 꿈

01 ☐☐☐

걱정하느라
잠도 못자다

lose sleep over
= worry about (something) so much that one can't get sleep

I didn't have to **lose sleep over** it.
나는 그것을 걱정하느라 잠을 설칠 필요가 없었어.

02 ☐☐☐

한숨도 못자다

not get a wink of sleep
= not sleep a wink
= not sleep at all

I did**n't get a wink of sleep** last night.
나 어제 밤에 한숨도 못 잤어.

03 ☐☐☐

불면증이 있다

have insomnia

My friend **has insomnia**.
내 친구는 불면증이 있어.

> 어휘 사전
> *insomnia 불면증

04 ☐☐☐

완전히 깨어있다,
정신이 말똥말똥하다

be wide awake

I**'m wide awake** now because I took a nap.
나 낮잠을 자서 지금 정신이 말똥말똥해.

05 ☐☐☐

겨우 잠이 들다

get off to sleep

After counting sheep, she **got off to sleep**.
양을 세고 나서야 그녀는 겨우 잠이 들었어.

06 □□□
잠이 올 때까지 책을 보다

read oneself to sleep

I often **read myself to sleep**.
나는 종종 잠이 올 때까지 책을 읽어.

07 □□□
자다 깨다 하다

have fitful sleep

I **had fitful sleep** on the subway.
나는 지하철에서 자다 깨다 했어.

08 □□□
잠을 뒤척이다

toss and turn

I **tossed and turned** last night.
어제 밤 나는 잠을 뒤척였어.

09 □□□
잠을 잘 못 자다

have a bad night's sleep

I **had a bad night's sleep**.
나 잠을 잘 못 잤어.

10 □□□
잠이 깬 후 아침에 기분이 좋지 않다

wake up on the wrong side of the bed

I **woke up on the wrong side of the bed**.
난 잠이 깬 후 아침에 기분이 좋지 않았어.

11 ☐☐☐

잠이 덜 깨다, 비몽사몽하다

be half-awake

I'm **half-awake**.
나 잠이 덜 깼어.

12 ☐☐☐

잠자는 사자를 깨우다

awaken a sleeping giant

It's like **awakening a sleeping giant**.
그것은 잠자는 사자를 깨우는 것과 같아.

> 어휘 사전
> *awaken 깨우다

13 ☐☐☐

꾸벅꾸벅 졸다

nod(=doze) off
= knock a nod

I **nodded(=dozed) off** on the bus.
나는 버스에서 꾸벅꾸벅 졸았어.

14 ☐☐☐

졸음이 쏟아지다

be nearly falling to sleep
= be nearly dozing off to sleep
= nearly fall asleep

I'm **nearly falling to sleep**.
나 지금 졸음이 막 쏟아져.

15 ☐☐☐

너무 졸려서 눈이 감기다

be so sleepy one can't keep one's eyes open

I **was so sleepy I couldn't keep my eyes open**.
나는 너무 졸려서 눈이 감겼다.

16 ☐☐☐
악몽을 꾸다

have a nightmare(=terrible dream)

Last night, I **had a nightmare(=terrible dream)**.
어제 밤 나는 악몽을 꾸었어.

어휘 사전
*nightmare 악몽   *terrible 끔찍한

17 ☐☐☐
가위에 눌리다

have(=suffer from) a sleep paralysis

Have you ever **had(=suffered from) a sleep paralysis**?
너 가위에 눌려본 적이 있니?

어휘 사전
*paralysis 마비

18 ☐☐☐
몽유병 증세를 보이다

sleepwalk

I am afraid my friend **sleepwalks**.
나는 내 친구가 몽유병 증세를 보여서 걱정이야.

19 ☐☐☐
A에게 이불을 덮어주다

tuck A in

Can you **tuck me in**?
나 이불 덮어줄 수 있어?

20 ☐☐☐
다시 잠을 잠들다

get back to sleep

I gotta **get back to sleep**.
나 다시 자야겠어.

REVIEW TEST 1

 주어진 우리말을 영어로 말해보고, 틀린 표현이 있다면 체크하세요.

- ☐ 걱정하느라 잠도 못자다
- ☐ 한숨도 못자다
- ☐ 불면증이 있다
- ☐ 완전히 깨어있다, 정신이 말똥말똥하다
- ☐ 겨우 잠이 들다
- ☐ 잠이 올 때까지 책을 보다
- ☐ 자다 깨다 하다
- ☐ 잠을 뒤척이다
- ☐ 잠을 잘 못 자다
- ☐ 잠이 깬 후 아침에 기분이 좋지 않다

- ☐ 잠이 덜 깨다, 비몽사몽하다
- ☐ 잠자는 사자를 깨우다
- ☐ 꾸벅꾸벅 졸다
- ☐ 졸음이 쏟아지다
- ☐ 너무 졸려서 눈이 감기다
- ☐ 악몽을 꾸다
- ☐ 가위에 눌리다
- ☐ 몽유병 증세를 보이다
- ☐ ~에게 이불을 덮어주다
- ☐ 다시 잠을 잠들다

REVIEW TEST 2

 주어진 우리말을 영어로 말해보고, 틀린 표현이 있다면 체크하세요.

- ☐ 나는 그것을 걱정하느라 잠을 설칠 필요가 없었어.
- ☐ 나 어제 밤에 한숨도 못 잤어.
- ☐ 내 친구는 불면증이 있어.
- ☐ 나 낮잠을 자서 정신이 말똥말똥해.
- ☐ 양을 세고 나서야 그녀는 겨우 잠이 들었어.
- ☐ 나는 종종 잠이 올 때까지 책을 읽어.
- ☐ 나는 지하철에서 자다 깨다 했어.
- ☐ 어제 밤 나는 잠을 뒤척였어.
- ☐ 나 잠을 잘 못 잤어.
- ☐ 난 잠이 깬 후 아침에 기분이 좋지 않았어.
- ☐ 나 잠이 덜 깼어.
- ☐ 그것은 잠자는 사자를 깨우는 것과 같아.
- ☐ 나는 버스에서 꾸벅꾸벅 졸았어.
- ☐ 나 지금 졸음이 막 쏟아져.
- ☐ 나는 너무 졸려서 눈이 감겼다.
- ☐ 어제 밤 나는 악몽을 꾸었어.
- ☐ 너 가위에 눌려본 적이 있니?
- ☐ 나는 내 친구가 몽유병 증세를 보여서 걱정이야.
- ☐ 나 이불 덮어줄 수 있어?
- ☐ 나 다시 자야겠어.

Day 02

DAY 03 수면, 꿈

01 ☐☐☐
깊이 잠들다

be out cold

My uncle **is out cold**.
내 삼촌은 깊이 잠이 들었어.

02 ☐☐☐
수면용 안대를 쓰다

wear a sleep mask

He always **wears a sleep mask** before sleeping.
그는 항상 자기 전에 수면용 안대를 쓴다.

03 ☐☐☐
귀마개를 하고 자다

sleep with ear plugs

I always **sleep with ear plugs**.
나는 항상 귀마개를 하고 자.

04 ☐☐☐
잠깐 자다,
쪽잠을 자다

take(=have) a catnap
= get some shut-eye
= get forty winks

She **took a catnap**.
그녀는 쪽잠을 잤어.

05 ☐☐☐
아무 것도 안 입고
잠을 자다

sleep in the altogether
= sleep in one's birthday suit

Some people **sleep in the altogether**.
어떤 사람들은 아무 것도 안 입고 잠을 잔다.

06 ☐☐☐
일찍 자고 일찍 일어나다

keep early hours
My grandmother **keeps early hours**.
우리 할머니는 일찍 주무시고 일찍 일어나셔.

07 ☐☐☐
늦게 자고 늦게 일어나다

keep late hours
Night owls **keep late hours**.
올빼미족들은 늦게 자고 늦게 일어난다.

08 ☐☐☐
침대에서 벌떡 일어나다

spring(=jump) out of bed
She **sprang out of bed**.
그녀는 침대에서 벌떡 일어났지.

> **어휘 사전**
> *spring (갑자기) 뛰어오르다

09 ☐☐☐
몽정을 하다

experience wet dreams
When did you first **experience wet dreams**?
너 언제 처음으로 몽정을 했니?

> **어휘 사전**
> *experience 경험하다, 경험   *wet 젖은

10 ☐☐☐
바로/옆으로 누워 자다

sleep on one's back/side
She usually **sleeps on her back/side**.
그녀는 보통 바로/옆으로 누워 자.

11 ☐☐☐
엎드려서 자다

sleep on one's stomach

I always **sleep on my stomach**.
나는 항상 엎드려서 잔다.

> **어휘 사전**
> *stomach 배, 복부

12 ☐☐☐
팔베개를 하고 자다

sleep with one's head on one's arm

I often **sleep with my head on my arm**.
나는 종종 팔베개를 하고 자.

13 ☐☐☐
코를 심하게 골다

saw wood(=logs)

Her husband **saws wood(=logs)** every night.
그녀의 남편은 밤마다 코를 심하게 골아.

> **어휘 사전**
> *saw 톱질하다　*wood 나무　*log 통나무

14 ☐☐☐
자면서 이를 갈다

grind one's teeth in one's sleep

Some people **grind their teeth in their sleep**.
어떤 사람들은 자면서 이를 갈아.

> **어휘 사전**
> *grind 갈다　*teeth 이빨 (복수형)

15 ☐☐☐
잠꼬대를 하다

금메달..

sleep talking
= talk in one's sleep

Have you ever **slept talking**?
너 잠꼬대를 한 적이 있어?

16 ☐☐☐

일정한 시간에
잠을 자다

keep a steady sleep schedule

It's good for our health to **keep a steady sleep schedule**.

일정한 시간에 잠을 자는 것이 우리의 건강에 좋아.

어휘 사전
***steady** 일정한, 꾸준한   ***schedule** 일정

17 ☐☐☐

집에 가서 잠을 좀 자다

go home and get some sleep

I need to **go home and get some sleep**.

나 집에 가서 잠을 좀 자야겠어.

18 ☐☐☐

친구 집에서 자다

sleep over at a friend's house

Mom, can I **sleep over at my friend's house** tonight?

엄마, 나 오늘밤 친구네 집에서 자도 돼?

19 ☐☐☐

외박하다

sleep out
= stay out overnight

His cat often **sleeps out**.

그의 고양이는 종종 외박을 한다.

20 ☐☐☐

자고 나면 다
(통증 등) 없어지다

sleep it off

I think I would **sleep it off**.

내 생각에 자고나면 (통증이) 다 없어질 것 같아.

REVIEW TEST 1

 주어진 우리말을 영어로 말해보고, 틀린 표현이 있다면 체크하세요.

- ☐ 깊이 잠들다
- ☐ 수면용 안대를 쓰다
- ☐ 귀마개를 하고 자다
- ☐ 잠깐 자다, 쪽잠을 자다
- ☐ 아무 것도 안 입고 잠을 자다
- ☐ 일찍 자고 일찍 일어나다
- ☐ 늦게 자고 늦게 일어나다
- ☐ 침대에서 벌떡 일어나다
- ☐ 몽정을 하다
- ☐ 바로/옆으로 누워 자다

- ☐ 엎드려서 자다
- ☐ 팔베개를 하고 자다
- ☐ 코를 심하게 골다
- ☐ 자면서 이를 갈다
- ☐ 잠꼬대를 하다
- ☐ 일정한 시간에 잠을 자다
- ☐ 집에 가서 잠을 좀 자다
- ☐ 친구 집에서 자다
- ☐ 외박하다
- ☐ 자고 나면 다(통증 등) 없어지다

REVIEW TEST 2

 주어진 우리말을 영어로 말해보고, 틀린 표현이 있다면 체크하세요.

- ☐ 내 삼촌은 깊이 잠이 들었어.
- ☐ 그는 항상 자기 전에 수면용 안대를 쓴다.
- ☐ 나는 항상 귀마개를 하고 자.
- ☐ 그녀는 쪽잠을 잤어.
- ☐ 어떤 사람들은 아무 것도 안 입고 잠을 잔다.
- ☐ 우리 할머니는 일찍 주무시고 일찍 일어나셔.
- ☐ 올빼미족들은 늦게 자고 늦게 일어난다.
- ☐ 그녀는 침대에서 벌떡 일어났지.
- ☐ 너 언제 처음으로 몽정을 했니?
- ☐ 그녀는 보통 바로/옆으로 누워 자.
- ☐ 나는 항상 엎드려서 잔다.
- ☐ 나는 종종 팔베개를 하고 자.
- ☐ 그녀의 남편은 밤마다 코를 심하게 골아.
- ☐ 어떤 사람들은 자면서 이를 갈아.
- ☐ 너 잠꼬대를 한 적이 있어?
- ☐ 일정한 시간에 잠을 자는 것이 우리의 건강에 좋아.
- ☐ 나 집에 가서 잠을 좀 자야겠어.
- ☐ 엄마, 나 오늘밤 친구네 집에서 자도 돼?
- ☐ 그의 고양이는 종종 외박을 한다.
- ☐ 내 생각에 자고나면 (통증이) 다 없어질 것 같아.

DAY 04 수면, 꿈

01 ☐☐☐
식곤증이 오다

get(=have) a food coma
= be in a food coma

I **get a food coma** after eating too much.
난 많이 먹고 나면 식곤증이 와.

> **어휘 사전**
> *****coma** 혼수상태

02 ☐☐☐
낮잠을 자다

have(=take) a nap(=siesta)
= nap for a while

Some old people enjoy **having(=taking) a nap(=siesta)**.
일부 나이 든 사람들은 낮잠을 자는 것을 즐긴다.

03 ☐☐☐
저녁형 인간, 올빼미족

a night person
= a night owl

I'm **a night person**.
저는 저녁형 인간입니다.

04 ☐☐☐
잠들다

drop off to sleep
= crash

He **dropped off to sleep** as soon as he lay down in bed. 그는 침대에 눕자마자 잠이 들었어.

05 ☐☐☐
울다 잠이 들다

cry oneself to sleep

Her poor baby **cried herself to sleep**.
그녀의 가엾은 아기는 울다 잠이 들었다.

06 ☐☐☐

술에 취해 잠자다

drink oneself to sleep

I often **drink myself to sleep**.
나는 종종 술에 취하면 그냥 자.

> 어휘 사전
> *****drink** 술을 마시다

07 ☐☐☐

쓰러지기 일보직전이다

be ready to drop

I**'m ready to drop** with fatigue
나 피곤해서 쓰러지기 일보직전이야.

08 ☐☐☐

완전히 뻗다,
곯아떨어지다

crash out

He **crashed out** on the sofa.
그는 소파에 완전히 뻗었다.

> 어휘 사전
> *****crash** 충돌하다

09 ☐☐☐

잠에 취하다

be dead with sleep
= be drunk with sleep

The soldier seemed to **be dead with sleep**.
그 군인은 잠에 취한 것 같았다.

> 어휘 사전
> *****dead** 죽은   *****drunk** 술취한

10 ☐☐☐

숙면을 취하다

sleep well(=soundly)
= have a sound(=deep) sleep
= have(=get) a good night's sleep

I want to **sleep well**.
나 숙면 좀 취하고 싶어.

11 ☐☐☐
해몽하다

read(=interpret) a dream

My wife is good at **reading(=interpreting) a dream**.
내 아내는 꿈 해몽을 잘 해.

> 어휘 사전
> *interpret 해석하다

12 ☐☐☐
(알람이) 울리다

go off

I overslept because the alarm **didn't go off**.
알람이 울리지 않아서 나는 늦잠을 잤다.

13 ☐☐☐
알람을 끄다

turn off the alarm

He **turned off the alarm** and went back to sleep.
그는 알람을 끄고 다시 잤다.

14 ☐☐☐
침대를 정돈하다

make one's bed

I **make my bed** every day.
나는 매일 침대 정돈을 해.

15 ☐☐☐
이부자리를 개다

fold up the bedding

I **folded up the bedding**.
나는 이부자리를 갰다.

> 어휘 사전
> *fold 접다   *bedding 침구

16 □□□

이불킥을 하다, 자책하다

kick oneself
= scream into a pillow

My husband **kicked himself** yesterday.
내 남편은 어제 이불킥을 했어.

17 □□□

A를 재우다

put A to sleep

Why don't you **put your baby to sleep**?
아기를 재우지 그래?

18 □□□

부모가 어린 자녀와 함께 자다

cosleep

Most Westerners never **cosleep** with their babies.
대부분의 서양 부모들은 그들의 아기와 함께 자지 않는다.

19 □□□

(아기가) 잠투정을 하다

get peevish(=cranky) at bedtime

Her baby **gets peevish(=cranky) at bedtime**.
그녀의 아기는 잠투정을 한다.

어휘 사전
＊**peevish** 짜증을 잘 내는   ＊**cranky** 짜증을 내는

20 □□□

잘 자.

Sleep well.
= Sleep tight.
= Sweet dreams.
= Don't let the bedbugs bite.

REVIEW TEST 1

 주어진 우리말을 영어로 말해보고, 틀린 표현이 있다면 체크하세요.

- ☐ 식곤증이 오다
- ☐ 낮잠을 자다
- ☐ 저녁형 인간, 올빼미족
- ☐ 잠들다
- ☐ 울다 잠이 들다
- ☐ 술에 취해 잠자다
- ☐ 쓰러지기 일보직전이다
- ☐ 완전히 뻗다, 곯아떨어지다
- ☐ 잠에 취하다
- ☐ 숙면을 취하다

- ☐ 해몽하다
- ☐ (알람이) 울리다
- ☐ 알람을 끄다
- ☐ 침대를 정돈하다
- ☐ 이부자리를 개다
- ☐ 이불킥을 하다, 자책하다
- ☐ A를 재우다
- ☐ 부모가 어린 자녀와 함께 자다
- ☐ (아기가) 잠투정을 하다
- ☐ 잘 자.

REVIEW TEST 2

 주어진 우리말을 영어로 말해보고, 틀린 표현이 있다면 체크하세요.

- ☐ 난 많이 먹고 나면 식곤증이 와.
- ☐ 일부 나이 든 사람들은 낮잠을 자는 것을 즐긴다.
- ☐ 저는 저녁형 인간입니다.
- ☐ 그는 침대에 눕자마자 잠이 들었어.
- ☐ 그녀의 가엾은 아기는 울다 잠이 들었다.
- ☐ 나는 종종 술에 취하면 그냥 자.
- ☐ 나 피곤해서 쓰러지기 일보직전이야.
- ☐ 그는 소파에 완전히 뻗었다.
- ☐ 그 군인은 잠에 취한 것 같았다.
- ☐ 나 숙면 좀 취하고 싶어.
- ☐ 내 아내는 꿈 해몽을 잘 해.
- ☐ 알람이 울리지 않아서 나는 늦잠을 잤다.
- ☐ 그는 알람을 끄고 다시 잤다.
- ☐ 나는 내가 침대 정돈을 해.
- ☐ 나는 이부자리를 갰다.
- ☐ 내 남편은 어제 이불킥을 했어.
- ☐ 아기를 재우지 그래?
- ☐ 대부분의 서양 부모들은 그들의 아기와 함께 자지 않는다.
- ☐ 그녀의 아기는 잠투정을 한다.
- ☐ 잘 자.

수면, 꿈

01
잠이 보약이다.

Sleep is the best medicine.

02
정신 차리고 빨리 일어나라!

Rise and shine!

> 어휘 사전
> *rise 일어나다   *shine 빛나다, 볕이 들다

03
공상, 망상

pipe dream

It's **a pipe dream**.
그것은 공상(망상)이야.

04
꿈속에 살다

be(=live) in a dream world

You seem to **be(=live) in a dream world**.
너는 꿈속에서 사는 것 같아.

05
도저히 꿈도 못 꿀 정도로 좋다

be beyond one's wildest dreams

It's **beyond my wildest dreams**.
그것은 도저히 꿈도 못 꿀 정도로 좋다.

06 □□□
꿈을 이루기 위해 노력하다

follow one's dreams

How hard do you try to **follow your dreams**?
너는 꿈을 이루기 위해 얼마나 열심히 노력하니?

07 □□□
이루지 못한 꿈 (계획, 목표 등)

broken dream

Becoming an actress was her **broken dream**.
배우가 되는 것이 그녀가 이루지 못한 꿈이었다.

어휘 사전
*broken 깨진

08 □□□
~에 대해서는 꿈도 꾸지(생각하지도) 않을 것입니다

wouldn't dream of ~ing

I **wouldn't dream of making** easy money.
나는 쉽게 돈 버는 것에 대해서는 생각하지도 않을거야.

09 □□□
아무리 꿈꿔 봐! (그렇게 되나)

(명령문 형태로 쓰여 남의 생각이 현실성이 없음을 반어적으로 나타냄)

Dream on!

Dream on!
아무리 꿈꿔 봐!

10 □□□
꿈을 가져라!

Dare to dream!

어휘 사전
*dare 감히 ~하다, ~할 엄두를 내다

11 ☐☐☐

눈을 비비다

rub one's eyes

I **rub my eyes** with my hands.

나는 자주 손으로 눈을 비벼.

12 ☐☐☐

개꿈을 꾸다

have a silly(=wild) dream

I **had a silly(=wild) dream** last night again.

난 어제 밤 또 개꿈을 꿨어.

어휘 사전
*silly 어리석은, 바보 같은
*raunchy 야한, 선정적인   *precognitive 예지의

13 ☐☐☐

야한 꿈을 꾸다

have a raunchy dream

Young boys sometimes **have a raunchy dream**.

어린 소년들은 때때로 야한 꿈을 꾼다.

14 ☐☐☐

예지몽을 꾸다

have a precognitive dream

Some women say they **have a precognitive dream**.

어떤 여자들은 자신들이 예지몽을 꾼다고 말한다.

15 ☐☐☐

꿈꾼 것이 실제로 일어나다

have a dream that plays out in real life

Have you ever **had a dream that played out in real life**?

너는 꿈꾼 것이 실제로 일어난 적이 있어?

16 ☐☐☐

꿈에서 깨다

wake up from a dream

When I **woke up from a dream**, I tried to keep track of the dream content.

나는 꿈에서 깼을 때, 그게 무슨 꿈이었는지 되짚어 봤어.

17 ☐☐☐

꿈에 나타나다

appear in one's dream

He wanted his late grandmother to **appear in his dream**.

그는 자신의 돌아가신 할머니께서 자신의 꿈에 나타나시기를 원했다.

어휘 사전
*appear 나타나다

18 ☐☐☐

자각몽
(꿈을 꾸고 있다는 것을 자각하면서 꾸는 꿈)

lucid dream

How often do you have **a lucid dream**?

너는 얼마나 자주 자각몽을 꾸니?

어휘 사전
*lucid 명료한, 의식이 또렷한

19 ☐☐☐

꿈꾼 것을 마음속으로 다시 기억해내다

replay one's dream in one's mind
= keep track of one's dream content

Sometimes, it's hard to **replay my dream in my mind**.

때때로, 나는 꿈꾼 것을 기억해내기가 힘들다.

20 ☐☐☐

갑자기 잠이 깨면서 꿈이 깨다

snap awake and out of a dream

Because of the dog's barking, I **snapped awake and out of a dream**.

개가 짖는 바람에, 나는 갑자기 깨면서 꿈이 깨졌어.

REVIEW TEST 1

 주어진 우리말을 영어로 말해보고, 틀린 표현이 있다면 체크하세요.

- ☐ 잠이 보약이다.
- ☐ 정신 차리고 빨리 일어나라!
- ☐ 공상, 망상
- ☐ 꿈속에 살다
- ☐ 도저히 꿈도 못 꿀 정도로 좋다
- ☐ 꿈을 이루기 위해 노력하다
- ☐ 이루지 못한 꿈(계획, 목표 등)
- ☐ ~에 대해서는 꿈도 꾸지 (생각하지도) 않을 것입니다
- ☐ 아무리 꿈꿔 봐! (그렇게 되나)
- ☐ 꿈을 가져라!

- ☐ 눈을 비비다
- ☐ 개꿈을 꾸다
- ☐ 야한 꿈을 꾸다
- ☐ 예지몽을 꾸다
- ☐ 꿈꾼 것이 실제로 일어나다
- ☐ 꿈에서 깨다
- ☐ 꿈에 나타나다
- ☐ 자각몽
- ☐ 꿈꾼 것을 마음속으로 다시 기억해내다
- ☐ 갑자기 잠이 깨면서 꿈이 깨다

REVIEW TEST 2

 주어진 우리말을 영어로 말해보고, 틀린 표현이 있다면 체크하세요.

☐ 잠이 보약이다.

☐ 정신 차리고 빨리 일어나라!

☐ 그것은 공상(망상)이야.

☐ 너는 꿈속에서 사는 것 같아.

☐ 그것은 도저히 꿈도 못 꿀 정도로 좋다.

☐ 너는 꿈을 이루기 위해 얼마나 열심히 노력하니?

☐ 배우가 되는 것이 그녀가 이루지 못한 꿈이었다.

☐ 나는 쉽게 돈 버는 것에 대해서는 생각하지도 않을거야.

☐ 아무리 꿈꿔 봐!

☐ 꿈을 가져라!

☐ 나는 자주 손으로 눈을 비벼.

☐ 난 어제 밤 또 개꿈을 꿨어.

☐ 어린 소년들은 때때로 야한 꿈을 꾼다.

☐ 어떤 여자들은 자신들이 예지몽을 꾼다고 말한다.

☐ 너는 꿈꾼 것이 실제로 일어난 적이 있어?

☐ 나는 꿈에서 깼을 때, 그게 무슨 꿈이었는지 되짚어 봤어.

☐ 그는 자신의 돌아가신 할머니께서 자신의 꿈에 나타나시기를 원했다.

☐ 너는 얼마나 자주 자각몽을 꾸니?

☐ 때때로, 나는 꿈꾼 것을 기억해내기가 힘들다.

☐ 개가 짖는 바람에, 나는 갑자기 깨면서 꿈이 깨졌어.

BONUS STAGE

✓ 관련 어휘를 활용한 표현

- ☐ 출자만 하고 경영에는 관여하지 않는 동업자[투자자] — sleeping partner

- ☐ 절대 그럴 수는 없지! — In your dreams!

- ☐ 늘 원했던 것을 이뤄라! — Live the dream!

- ☐ 이상적으로 잘 돼가다, 작동하다 — run like a dream

✓ 관련 어휘 및 표현

- ☐ 코를 골다 — snore

- ☐ 완전히 기절하다 — blackout

- ☐ 열대야 — tropical night

- ☐ 잠을 깨다 — wake

- ☐ 깨어 있는 — awake

- ☐ 잠꾸러기 — sleepyhead

- ☐ 잠꼬대 — sleep talking

☐ 졸다	drowse
☐ (특히 낮에 침대 아닌 곳에서) 잠깐 자다	snooze
☐ 잠, 수면, 잠을 자다	slumber
☐ 졸다, 깜빡 잠들다	doze off
☐ 꾸벅꾸벅 졸다	nod off
☐ 서서히 잠이 들다	drift off
☐ 겨울잠을 자다, 동면하다	hibernate
☐ 겨울잠, 동면	hibernation
☐ 태몽	conception dream
☐ 기면증, 발작성 수면	narcolepsy
☐ 유체이탈	out of body experience
☐ 노숙하다	sleep rough = sleep in the open
☐ 자기 전에 부모가 읽어주는 책	bedtime story
☐ 길몽	auspicious dream = lucky dream
☐ 수면무호흡증	sleep apnea syndrome
☐ 수면 중 이 갈기	sleep bruxism
☐ 충분한 수면	beauty sleep
☐ (마약이나 술에) 취하다, 몽롱하다	zonk

PART 2
먹는 것

DAY 06 먹는 것

01 ☐☐☐

배고파 죽겠다

starve to death

I'm **starving to death**.
나 배고파 죽을 것 같아.

> **어휘 사전**
> *starve 굶주리다   *death 죽음

02 ☐☐☐

배고파서 짜증이 나다

be hangry

I**'m hangry** now.
나 지금 배고파서 짜증 나.

03 ☐☐☐

A가 땡기다

crave A
= have a craving for A
= be in the mood for A
= feel like A

I'm **craving pizza** now. 나 지금 피자가 땡겨.

04 ☐☐☐

식탐이 많다

One's eyes are bigger than (one's) stomach

My eyes are bigger than stomach.
난 식탐이 많아.

05 ☐☐☐

식욕이 많다

have a big appetite

My brother **has a big appetite**.
내 형은 식욕이 많다.

> **어휘 사전**
> *appetite 식욕

44 이게리얼 스피킹 테마편 1

06 ☐☐☐
식욕을 돋구다

sharpen(=work up) appetite

Sour kimchi can **sharpen(=work up) appetite**.
신 김치는 식욕을 돋군다.

> 어휘 사전
> *****sharpen** 날카롭게 하다, 더 강렬하게 하다

07 ☐☐☐
배에서 꼬르륵 소리가 나다

One's stomach growls(=rumbles)

Can you hear **my stomach growling**?
너 내 배에서 꼬르륵 하는 소리 들려?

> 어휘 사전
> *****growl** 으르렁거리다
> *****rumble** 우르르거리는 소리를 내다

08 ☐☐☐
한 입에 먹다

eat in one bite

Can you really **eat it in one bite**?
너 정말 그거 한 입에 먹을 수 있어?

09 ☐☐☐
다 먹어치우다, 깨끗이 비우다

polish off

My brother **polished off** five bowls of rice.
내 형은 밥을 다섯 공기나 먹어치웠다.

> 어휘 사전
> *****polish** 닦다, 광을 내다

10 ☐☐☐
~의 집안에 있는 음식을 다 먹어치우다

eat someone out of house and home

When my friends come to my place, they **eat me out of house and home**.
내 친구들은 우리 집에 오면 집안에 있는 음식을 다 먹어버린다.

11 ☐☐☐
게걸스럽게 먹다

pig out
= **eat like a pig/wolf**
= **devour**
= **gobble**

Her mom tells her not to **pig out** before others.
그녀의 엄마는 그녀에게 남들 앞에서 게걸스럽게 먹지 말라고 말씀하신다.

어휘 사전
*shovel 삽, 삽질하다

12 ☐☐☐
엄청나게 많이 먹다, 폭식하다

eat like a horse
= **stuff one's face**
= **stuff oneself**
= **binge eat**

Most heavy-weight wrestlers **eat like a horse**.
대부분의 헤비급 레슬러들은 엄청나게 많이 먹는다.

13 ☐☐☐
한 입 먹다

have(=grab) a bite

Can I **have a bite** of your pizza?
나 너 피자 한 입만 먹어도 돼?

14 ☐☐☐
배가 터질 것 같다

be stuffed

I'**m stuffed**.
나 배 터질 것 같아.

15 ☐☐☐
과식하여 배탈이 나다

overeat oneself sick

Yesterday, I **overate myself sick**.
어제 나는 과식해서 배탈이 났다.

16 ☐☐☐
한 그릇(1인분) 더 먹다

have(=eat) a second helping

Do you want to **have a second helping** of salmon?
연어 1인분 더 먹을래?

> 어휘 사전
> *helping 양

17 ☐☐☐
단 음식을 좋아하다

have a sweet tooth

My grandfather **has a sweet tooth**.
우리 할아버지는 단 음식을 좋아하셔.

18 ☐☐☐
침이 고이다, 군침이 돌다

one's mouth is watering

My mouth is watering at the thought of eating delicious food.
맛있는 음식을 먹는 생각을 하니 침이 고인다.

19 ☐☐☐
너무나 맛있다 (입에서 살살 녹다)

melt in one's mouth

This **melts in my mouth**.
이거 너무 맛있다.

> 어휘 사전
> *melt 녹다, 녹이다

20 ☐☐☐
맛이 정말 끝내준다.

It's absolutely to die for.

This food **is absolutely to die for**.
이 음식 맛이 정말 끝내줘.

> 어휘 사전
> *absolutely 전적으로, 굉장히

REVIEW TEST 1

 주어진 우리말을 영어로 말해보고, 틀린 표현이 있다면 체크하세요.

☐ 배고파 죽겠다

☐ 배고파서 짜증이 나다

☐ A가 땡기다

☐ 식탐이 많다

☐ 식욕이 많다

☐ 식욕을 돋구다

☐ 배에서 꼬르륵 소리가 나다

☐ 한 입에 먹다

☐ 다 먹어치우다, 깨끗이 비우다

☐ ~의 집안에 있는 음식을 다 먹어치우다

☐ 게걸스럽게 먹다

☐ 엄청나게 많이 먹다, 폭식하다

☐ 한 입 먹다

☐ 배가 터질 것 같다

☐ 과식하여 배탈이 나다

☐ 한 그릇(1인분) 더 먹다

☐ 단 음식을 좋아하다

☐ 침이 고이다, 군침이 돌다

☐ 너무나 맛있다(입에서 살살 녹다)

☐ 맛이 정말 끝내준다.

REVIEW TEST 2

 주어진 우리말을 영어로 말해보고, 틀린 표현이 있다면 체크하세요.

- ☐ 나 배고파 죽을 것 같아.
- ☐ 나 지금 배고파서 짜증 나.
- ☐ 나 지금 피자가 땡겨.
- ☐ 난 식탐이 많아.
- ☐ 내 형은 식욕이 많다.
- ☐ 신 김치는 식욕을 돋군다.
- ☐ 너 내 배에서 꼬르륵 하는 소리 들려?
- ☐ 너 정말 그거 한 입에 먹을 수 있어?
- ☐ 내 형은 밥을 다섯 공기나 먹어치웠다.
- ☐ 내 친구들은 우리 집에 오면 집안에 있는 음식을 다 먹어버린다.
- ☐ 그녀의 엄마는 그녀에게 남들 앞에서 게걸스럽게 먹지 말라고 말씀하신다.
- ☐ 대부분의 헤비급 레슬러들은 엄청나게 많이 먹는다.
- ☐ 나 너 피자 한 입만 먹어도 돼?
- ☐ 나 배 터질 것 같아.
- ☐ 어제 나는 과식해서 배탈이 났다.
- ☐ 연어 일 인분 더 먹을래?
- ☐ 우리 할아버지는 단 음식을 좋아하셔.
- ☐ 맛있는 음식을 먹는 생각을 하니 침이 고인다.
- ☐ 이거 너무 맛있다.
- ☐ 이 음식 맛이 정말 끝내줘

DAY 07 먹는 것

01
식감이 좋다

have a good texture
This food **has a good texture**.
이 음식 식감이 좋네.

> **어휘 사전**
> *texture 감촉, 질감

02
쫄깃쫄깃하다, 씹는 맛이 있다

have a chewy texture
This rice cake **has a chewy texture**.
이 떡 씹는 맛이 있네요.

> **어휘 사전**
> *chewy 꼭꼭 씹어 먹어야 하는, 쫀득쫀득한

03
쩝쩝거리면서 먹다

eat noisily with one's mouth open
= smack one's lips while eating
Please, don't **eat noisily with your mouth open**.
쩝쩝거리면서 먹지 마세요.

04
걸신들리다, 몹시 허기지다

have a wolf in one's belly
My son seems to **have a wolf in his belly**.
내 아들은 걸신이 들린 것 같아.

05
허겁지겁 먹다

scarf down
= wolf down
John **scarfs down** when he feels hungry.
John은 배고프면, 허겁지겁 먹어.

06 ☐☐☐
꼭꼭 씹어 먹다

chew it well

You must **chew it well** if you don't want to have an upset stomach.

체하고 싶지 않으면 꼭꼭 씹어 먹어야 돼.

> 어휘 사전
> *chew 씹다

07 ☐☐☐
먹방을 보다

watch eating show

I like to **watch eating show**.

나는 먹방 보는 것을 좋아한다.

08 ☐☐☐
음식을 조금 남기다

leave some food

I sometimes **leave some food**.

나는 가끔 음식을 조금 남긴다.

09 ☐☐☐
남은 음식을 포장하기 위해 비닐봉지를 요청하다

ask for a doggy bag to pack the leftovers

I **asked for a doggy bag to pack the leftovers**.

나는 남은 음식을 포장해 가기 위해 비닐봉지를 요청했다.

> 어휘 사전
> *doggy bag 남은 음식을 싸 가는 봉지
> *pack 싸다, 포장하다   *leftover 남은 음식

10 ☐☐☐
제대로 된(만족스러운) 식사

square meal
= full or complete meal

He hasn't had **a square meal** for a month.

그는 한 달 동안 제대로 된 음식을 먹지 못했어.

11 ☐☐☐
국에 밥을 말다

mix rice with soup

I sometimes **mix rice with soup**.
나는 가끔 국에 밥을 말아.

12 ☐☐☐
야식을 먹다

have(=eat=take) a late-night meal(=snack)

I **ate** pizza for **a late-night snack**.
난 야식으로 피자를 먹었어.

13 ☐☐☐
맛집

**must-eat place
= must-visit restaurant**

This is one of the most famous **must-eat places (=must-visit restaurants)**.
여기가 가장 유명한 맛집 중 하나야.

14 ☐☐☐
맛집을 탐방하다

take a gastroventure

Her hobby is to **take a gastroventure**.
맛집 탐방하는 것이 그녀의 취미야.

> **어휘 사전**
> *gastroventure 미식 모험, 맛집 탐방

15 ☐☐☐
무한리필 식당

all-you-can-eat restaurant

We're looking for an **all-you-can-eat restaurant**.
우리는 무한리필 식당을 찾는 중이다.

16 ☐☐☐
~의 1인분

a(=one=single) portion(=serving) of

May I order **a(=one=single) portion of** pork belly?
삼겹살 1인분 주문도 가능할까요?

17 ☐☐☐
배가 나오다

have a potbelly
= get a potbelly

My father **has a potbelly**.
우리 아빠는 배가 나오셨다.

> **어휘 사전**
> *potbelly 올챙이배, 배불뚝이

18 ☐☐☐
배가 고파서가 아닌 다른 정서적 이유로 먹다

comfort-eat

She **comfort-eats** when she feels stressed.
그녀는 스트레스 받으면 배가 고파서가 아니라 다른 정서적 이유로 먹는다.

> **어휘 사전**
> *comfort 위로(하다), 위안(하다)

19 ☐☐☐
속이 더부룩하다

feel bloated
= have a bloated stomach
= feel heavy in the stomach

I **feel bloated**. 난 속이 더부룩해.

> **어휘 사전**
> *bloated 부은, 부푼, 배가 터질 듯한

20 ☐☐☐
체하다

have an upset stomach

I think I **have an upset stomach**.
나 체한 것 같아.

REVIEW TEST 1

주어진 우리말을 영어로 말해보고, 틀린 표현이 있다면 체크하세요.

- ☐ 식감이 좋다
- ☐ 쫄깃쫄깃하다, 씹는 맛이 있다
- ☐ 쩝쩝거리면서 먹다
- ☐ 걸신들리다, 몹시 허기지다
- ☐ 허겁지겁 먹다
- ☐ 꼭꼭 씹어 먹다
- ☐ 먹방을 보다
- ☐ 음식을 조금 남기다
- ☐ 남은 음식을 포장하기 위해 비닐봉지를 요청하다
- ☐ 제대로 된(만족스러운) 식사

- ☐ 국에 밥을 말다
- ☐ 야식을 먹다
- ☐ 맛집
- ☐ 맛집을 탐방하다
- ☐ 무한리필 식당
- ☐ ~의 1인분
- ☐ 배가 나오다
- ☐ 배가 고파서가 아닌 다른 정서적 이유로 먹다
- ☐ 속이 더부룩하다
- ☐ 체하다

REVIEW TEST 2

 주어진 우리말을 영어로 말해보고, 틀린 표현이 있다면 체크하세요.

- ☐ 이 음식 식감이 좋네.
- ☐ 이 떡 씹는 맛이 있네요.
- ☐ 쩝쩝거리면서 먹지 마세요.
- ☐ 내 아들은 걸신이 들린 것 같아.
- ☐ John은 배고프면, 허겁지겁 먹어.
- ☐ 체하고 싶지 않으면 꼭꼭 씹어 먹어야 돼.
- ☐ 나는 먹방 보는 것을 좋아한다.
- ☐ 나는 가끔 음식을 조금 남긴다.
- ☐ 나는 남은 음식을 포장해 가기 위해 비닐봉지를 요청했다.
- ☐ 그는 한 달 동안 제대로 된 음식을 먹지 못했어.

- ☐ 나는 가끔 국에 밥을 말아.
- ☐ 난 야식으로 피자를 먹었어.
- ☐ 여기가 가장 유명한 맛집 중 하나야.
- ☐ 맛집 탐방하는 것이 그녀의 취미야.
- ☐ 우리는 무한리필 식당을 찾는 중이다.
- ☐ 삼겹살 1인분 주문도 가능할까요?
- ☐ 우리 아빠는 배가 나오셨다.
- ☐ 그녀는 스트레스 받으면 배가 고파서가 아니라 다른 정서적 이유로 먹는다.
- ☐ 난 속이 더부룩해.
- ☐ 나 체한 것 같아.

DAY 08 먹는 것

01 ☐☐☐

토하다

air one's belly
= vomit
= puke
= throw up
= toss one's cookies

I gotta **air my belly**. 나 토해야겠어.

02 ☐☐☐

무엇이든 소화시킬 수 있는 위를 가지다

have a cast-iron stomach

I **have a cast-iron stomach**.
나는 무엇이든 소화시킬 수 있는 위를 가지고 있어

03 ☐☐☐

소화가 잘 안 되다

have trouble digesting

I often **have trouble digesting**.
난 종종 소화가 잘 안 돼.

04 ☐☐☐

소화가 안 되서 배가 아프다

be sick to one's stomach

I'm **sick to my stomach**.
나는 소화가 안 돼서 배가 아파.

05 ☐☐☐

~가 아직 소화가 안 되고 있다

stay(=rest) heavy on the stomach

The pork belly I ate last night **stays(=rests) heavy on the stomach**.
어제 밤에 먹었던 삼겹살이 아직 소화가 안 되고 있어.

06 ☐☐☐

식중독에 걸리다

**get food poisoning
= be poisoned by food**

I **got food poisoning**.

나 식중독에 걸렸었어.

> 어휘 사전
> *****poisoning** 중독   *****poison** 독, 독으로 죽이다

07 ☐☐☐

상한 음식을 먹다

eat(=have) poisoned(=spoiled) food

Did you **eat(=have) poisoned food**?

너 상한 음식 먹었니?

08 ☐☐☐

배가 아프다

**One's stomach hurts(=aches)
= have a stomachache
= have a tummy ache**

My **stomach hurts(=aches)**.

나 배가 아파.

09 ☐☐☐

배가 살살 아프다

have a slight pain in the stomach

I **have a slight pain in the stomach**.

나 배가 살살 아파.

> 어휘 사전
> *****slight** 약간의, 경미한   *****pain** 고통

10 ☐☐☐

배에 가스가 차다

**One's stomach feels gassy
= have gas In one's stomach**

My **stomach feels gassy**.

나 배에 가스가 차.

> 어휘 사전
> *****gassy** 가스가 너무 많이 찬

11 ☐☐☐
설사가 나다

have the runs
= come down with diarrhea

I **had the runs** last night.
나 어제 밤에 설사했어.

> 어휘 사전
> *diarrhea 설사

12 ☐☐☐
덜 익다

be undercooked

The steak **is undercooked**.
그 스테이크 덜 익었어.

13 ☐☐☐
식욕을 망치다

spoil one's appetite

Eating snacks between meals can **spoil your appetite**.
식사 중간에 간식을 먹으면 식욕을 망친다.

> 어휘 사전
> *spoil 망치다

14 ☐☐☐
식욕을 잃다

lose one's appetite

I have never **lost my appetite**.
나는 식욕을 잃어본 적이 없어.

15 ☐☐☐
입맛이 없다

have no appetite

I **have no appetite** now.
나 지금 입맛이 없어.

16 ☐☐☐

입맛이 돌아오다

get one's appetite back

Seeing red helps you **get your appetite back**.

빨간색을 보는 것은 입맛이 돌아오게 하는 데 도움이 돼.

17 ☐☐☐

입이 짧다

have a small appetite

My mom **has a small appetite**.

우리 엄마는 입이 짧아.

18 ☐☐☐

소식하다, 깨작깨작 먹다

eat like a bird

The cute little girl **eats like a bird**.

그 귀여운 어린 소녀는 깨작깨작 먹는다.

19 ☐☐☐

편식하다, ~에 대해 까다롭다

pick at
= be choosy about
= be picky about

My sister **picks at** side dishes.

그녀는 반찬을 편식해.

> 어휘 사전
> *****choosy** 까다로운   *****picky** 까다로운

20 ☐☐☐

A는 나하고 맞지 않다

A doesn't agree with me

Spicy food **doesn't agree with me**.

매운 음식은 나하고 맞지 않아.

> 어휘 사전
> *****agree with** ~에 동의하다, 성미에 맞다

Day 08

REVIEW TEST 1

 주어진 우리말을 영어로 말해보고, 틀린 표현이 있다면 체크하세요.

☐ 토하다

☐ 무엇이든 소화시킬 수 있는 위를 가지다

☐ 소화가 잘 안 되다

☐ 소화가 안 되서 배가 아프다

☐ ~가 아직 소화가 안 되고 있다

☐ 식중독에 걸리다

☐ 상한 음식을 먹다

☐ 배가 아프다

☐ 배가 살살 아프다

☐ 배에 가스가 차다

☐ 설사가 나다

☐ 덜 익다

☐ 식욕을 망치다

☐ 식욕을 잃다

☐ 입맛이 없다

☐ 입맛이 돌아오다

☐ 입이 짧다

☐ 소식하다, 깨작깨작 먹다

☐ 편식하다, ~에 대해 까다롭다

☐ A는 나하고 맞지 않다

REVIEW TEST 2

 주어진 우리말을 영어로 말해보고, 틀린 표현이 있다면 체크하세요.

- ☐ 나 토해야겠어.
- ☐ 나는 무엇이든 소화시킬 수 있는 위를 가지고 있어
- ☐ 난 종종 소화가 잘 안 돼.
- ☐ 나는 소화가 안 돼서 배가 아파.
- ☐ 어제 밤에 먹었던 삼겹살이 아직 소화가 안 되고 있어.
- ☐ 나 식중독에 걸렸었어.
- ☐ 너 상한 음식 먹었니?
- ☐ 나 배가 아파.
- ☐ 나 배가 살살 아파.
- ☐ 나 배에 가스가 차.
- ☐ 나 어제 밤에 설사했어.
- ☐ 그 스테이크 덜 익었어.
- ☐ 식사 중간에 간식을 먹으면 식욕을 망친다.
- ☐ 나는 식욕을 잃어본 적이 없어.
- ☐ 나 지금 입맛이 없어.
- ☐ 빨간색을 보는 것은 입맛이 돌아오게 하는 데 도움이 돼.
- ☐ 우리 엄마는 입이 짧아.
- ☐ 그 귀여운 어린 소녀는 깨작깨작 먹는다.
- ☐ 그녀는 반찬을 편식해.
- ☐ 매운 음식은 나하고 맞지 않아.

Day 08

DAY 09 먹는 것

01 ☐☐☐
~를 억지로 삼키다

choke down

It's tough to **choke down** food I hate.

내가 싫어하는 음식을 억지로 삼키는 것은 힘겹다.

어휘 사전
*choke 숨이 막히다, 목을 조르다

02 ☐☐☐
출출하다

feel peckish

When I **feel peckish**, I usually eat cookies.

나는 출출할 때, 보통 쿠키를 먹는다.

어휘 사전
*peckish 약간 배가 고픈

03 ☐☐☐
~로 간단히 요기하다

make do with

I sometimes **make do with** boiled eggs.

나는 가끔 삶은 계란으로 간단히 요기한다.

04 ☐☐☐
끼니를 거르다

skip a meal

My wife doesn't want me to **skip a meal**.

내 부인은 내가 끼니 거르는 것을 원치 않는다.

어휘 사전
*skip 거르다, 빼먹다

05 ☐☐☐
빈속에

on an empty stomach

Don't drink **on an empty stomach**.

빈속에 술 마시지 마.

어휘 사전
*empty 비어 있는

06 □□□
물배를 채우다

fill one's stomach with water

Did you **fill your stomach with water**?
너 물배 채웠니?

07 □□□
(철저하게) 다이어트하다

stay(=go=be) on a (strict) diet

I **stay(=go=am) on a (strict) diet**.
난 지금 (철저하게) 다이어트 해.

08 □□□
살이 찌다/살을 빼다

gain weight/lose weight

Some girls exercise to **lose weight**.
어떤 소녀들은 살을 빼기 위해 운동을 한다.

09 □□□
단식을 하다

fast
= be on a fast

He decided to **fast** for a week.
그는 1주일 동안 금식하기로 결심했다.

10 □□□
간헐적 단식을 하다

do an intermittent fasting

He recommends **doing an intermittent fasting**.
그는 간헐적 단식을 권한다.

> **어휘 사전**
> *__intermittent__ 간헐적인   *__fasting__ 단식, 금식

11 ☐☐☐

허리의 군살을 줄이다

trim one's waistline

It is super hard to **trim our waistline**.
허리의 군살을 줄이는 것은 정말로 어렵지.

어휘 사전
*****trim** 다듬다   *****waistline** 허리둘레, 허리선

12 ☐☐☐

뱃살을 빼다

lose one's belly fat

He succeeded in **losing his belly fat** by fasting.
그는 단식으로 뱃살을 뺐다.

13 ☐☐☐

요요 현상이 오다

have a yo-yo effect

After going on a diet, I **had a yo-yo effect**.
무리하게 다이어트를 한 뒤, 나에게 요요 현상이 왔다.

14 ☐☐☐

상을 차리다

set the table

Could you **set the table**, please?
상 좀 차려주시겠어요?

15 ☐☐☐

~와 음식을 나눠 먹다

share food with

I **shared food with** my girlfriend.
나는 내 여자친구와 음식을 나눠 먹었다.

16 ☐☐☐

(겁내지 마) 너를 잡아먹지 않을 거야.

I won't eat you.

Don't worry. **I won't eat you**.
걱정 마. 나 너 안 잡아먹어.

17 ☐☐☐

돈줄, 밥줄
(돈이나 먹을 것을 얻을 수단으로만 여겨지는 사람, 사물)

meal ticket

Parents are not our **meal ticket**.
부모님은 우리의 돈줄이 아니야.

> **어휘 사전**
> *meal 식사

18 ☐☐☐

아침식사를 먹는 둥 마는 둥 하다

**grab a bite for breakfast
= have(=eat=take) breakfast in a flurry**

She usually **grabs a bite for breakfast**.
그녀는 아침식사를 하는 둥 마는 둥 해.

> **어휘 사전**
> *grab 붙잡다   *bite 한 입
> *flurry (잠시 한바탕 벌어지는) 소동

19 ☐☐☐

A를 저녁식사에 초대하다

have A over for dinner

I am going to **have Susan over for dinner** tonight.
난 오늘 밤 Susan을 저녁식사에 초대할거야.

20 ☐☐☐

무엇을 먹느냐에 따라 건강이 결정된다.

You are what you eat.

REVIEW TEST 1

 주어진 우리말을 영어로 말해보고, 틀린 표현이 있다면 체크하세요.

☐ ~를 억지로 삼키다

☐ 출출하다

☐ ~로 간단히 요기하다

☐ 끼니를 거르다

☐ 빈속에

☐ 물배를 채우다

☐ (철저하게) 다이어트하다

☐ 살이 찌다/살을 빼다

☐ 단식을 하다

☐ 간헐적 단식을 하다

☐ 허리의 군살을 줄이다

☐ 뱃살을 빼다

☐ 요요 현상이 오다

☐ 상을 차리다

☐ ~와 음식을 나눠 먹다

☐ (겁내지 마) 너를 잡아먹지 않을 거야.

☐ 돈줄, 밥줄(돈이나 먹을 것을 얻을 수단으로만 여겨지는 사람, 사물)

☐ 아침식사를 먹는 둥 마는 둥 하다

☐ A를 저녁식사에 초대하다

☐ 무엇을 먹느냐에 따라 건강이 결정된다.

REVIEW TEST 2

 주어진 우리말을 영어로 말해보고, 틀린 표현이 있다면 체크하세요.

- ☐ 내가 싫어하는 음식을 억지로 삼키는 것은 힘겹다.
- ☐ 나는 출출할 때, 보통 쿠키를 먹는다.
- ☐ 나는 가끔 삶은 계란으로 간단히 요기한다.
- ☐ 내 부인은 내가 끼니 거르는 것을 원치 않는다.
- ☐ 빈속에 술 마시지 마.
- ☐ 너 물배 채웠니?
- ☐ 난 지금 철저하게 다이어트 해.
- ☐ 어떤 소녀들은 살을 빼기 위해 운동을 한다.
- ☐ 그는 1주일 동안 금식하기로 결심했다.
- ☐ 그는 간헐적 단식을 권한다.

- ☐ 허리의 군살을 줄이는 것은 정말로 어렵지.
- ☐ 그는 단식으로 뱃살을 뺐다.
- ☐ 무리하게 다이어트를 한 뒤, 나에게 요요 현상이 왔다.
- ☐ 상 좀 차려주시겠어요?
- ☐ 나는 내 여자친구와 음식을 나눠 먹었다.
- ☐ 걱정 마. 나 너 안 잡아먹어.
- ☐ 부모님은 우리의 돈줄이 아니야.
- ☐ 그녀는 아침식사를 하는 둥 마는 둥 해.
- ☐ 난 오늘 밤 Susan을 저녁식사에 초대할거야.
- ☐ 무엇을 먹느냐에 따라 건강이 결정된다.

BONUS STAGE

✓ 관련 어휘를 활용한 표현

- ☐ ~를 가볍게 이길 수 있다 — eat someone for breakfast
- ☐ 굴욕을 참다, 잘못을 인정하다 — eat humble pie
- ☐ ~가 하라는 대로 하다 — eat out of one's hand
- ☐ 경쟁이 치열하고 무자비한 세상 — dog-eat-dog world
- ☐ ~에 완전히 승리하다 — eat one's lunch
- ☐ 식은 죽 먹기다 — like taking candy from a baby
- ☐ 아주 선하고 정직하여 신뢰할 수 있는 사람 — the salt of the earth
- ☐ 밥값을 하다 — be worth one's salt
- ☐ 걸러 듣다, 가감하여 듣다 — take it with a grain of salt
- ☐ 상처에 소금을 뿌리다 — rub salt into the wound
- ☐ 아주 똑똑한 사람 — smart cookie
- ☐ 속아서 잘못 사다 — buy a lemon
- ☐ 미치다, 급격하게 흥분하다 — go bananas
- ☐ ~의 스타일이 아니다 — not one's cup of tea

☐ 중심인물, 실력자	top banana
☐ 이해하기(다루기) 힘든 사람/일	hard nut to crack
☐ 너무 욕심을 부리다	bite off more than you can chew
☐ 은혜를 원수로 갚다	bite the hand that feeds
☐ 받아들이기 힘든 일	bitter pill to swallow
☐ 할 일이 아주 많다	have a lot on one's plate
☐ 세상에 공짜는 없다.	There is no such thing as a free lunch.
☐ 말이나 행동을 조심스럽게 하다	walk on eggshells
☐ 안 좋은 사람	bad egg = bad(=rotten) apple
☐ A를 부추기다	egg A on
☐ ~의 핵심, 요체	meat and potatoes of
☐ (번거로운 사람 또는 일을) 얼른 버리다	drop A like a hot potato
☐ 중요한 일이 남아 있다	have bigger fish to fry
☐ 뭔가 수상한 일이 일어나고 있다.	Something fishy is going on.
☐ ~에게 아부하다(알랑거리다)	butter up = kiss up to
☐ ~의 주된 수입원	one's bread and butter
☐ 없는 것 보다는 절반이라도 있는 것이 낫다.	Half a butter is better than none.
☐ 칠칠치 못하다, 물건을 잘 떨어뜨린다	have butterfingers

☐ ~할 마음이 없다, ~에 대한 욕구가 없다	have no stomach for
☐ ~을 참을 수 없다, ~을 역겨워하다	can't stomach
☐ 완전히(쫄딱) 망하다	go belly up
☐ 아주 비열한, 아주 낮은	lower than a snake's belly
☐ ~의 비위를 맞추다, 공치사를 하며 ~에게 접근하다	belly up to
☐ 생활비를 벌다	bring home the bacon
☐ 값이 싸다	cheap as chips
☐ 하나에 모든 것을 걸다	put all one's eggs in one basket
☐ 처음에는 안 좋아했지만, 나중에 좋아하게 된 것	acquired taste
☐ 속빈 강정	all sizzle and no steak
☐ 중요 인물	big cheese
☐ 전혀(본질적으로) 다르다	be like chalk and cheese
☐ 당근과 채찍을 사용하다	use carrot-and-stick
☐ 아주 많이 닮다	be like two peas in a pod
☐ 그림의 떡	pie in the sky
☐ 썩어 문드러지다, 정말 사악하다	be rotten to the core
☐ 시시한 사람/것	small potato
☐ 무심코 말해버리다, 비밀을 누설하다	spill the beans

☐ 사공이 많으면 배가 산으로 간다.	Too many cooks spoil the broth.
☐ 냉수 먹고 속 차려라.	Wake up and smell the coffee.
☐ 자기 실속만 차리다	cherry-pick
☐ ~에 열중해 있다, ~에게 홀딱 반하다	be nuts about
☐ 기대를 충족시키다	cut the mustard
☐ 개판이다, 엉망진창이다	be like a dog's breakfast
☐ 변화를 주다, 묘미를 더하다	spice things up
☐ 일은 적게 하면서 편히 살다	ride the gravy train
☐ 최고 중의 최고(사람/사물)	cream of the crop
☐ 곤경에 처하다	be in a pickle
☐ 완전히 다른 두 가지를 비교하다	compare apples to oranges
☐ 금상첨화	the icing(=frosting) on the cake
☐ 얼마 안 되는 돈을 받고 일하다	work for peanuts(=chicken feed)
☐ 억지로 하다. 울며 겨자먹기로 하다	bite the bullet
☐ 더 이상 어린아이(풋내기)가 아니다	be no spring chicken
☐ 미숙한, 섣부른, 불충분한	half-baked
☐ 처음부터 끝까지	from soup to nuts
☐ 서둔다고 일이 되는 것이 아니다.	A watched pot never boils.
☐ 분식회계를 하다	cook the books
☐ A의 얼굴을 주먹으로 때리다	give A knuckle sandwich

PART 3

사랑, 연애, 결혼

DAY 10 사랑, 연애, 결혼

01 ☐☐☐
풋사랑

puppy love

It was my **puppy love**.
그것은 나의 풋사랑이었어.

02 ☐☐☐
옛사랑

old flame

He came across his **old flame** at a bus stop in a rainy day.
그는 비 오는 날 버스 정류장에서 옛사랑을 우연히 만났다.

03 ☐☐☐
~에게 홀딱 반하다

have a crush on
= be smitten with

I **had a crush on** her at first sight.
난 첫눈에 그녀에게 반했지.

04 ☐☐☐
콩깍지가 씌다

be blinded by love
= Beauty is in the eye of the beholder.

He'**s blinded by love**.
그는 콩깍지가 씌었어.

05 ☐☐☐
~와 사랑에 푹 빠지다

fall head over heels in love with
= deeply fall in love with
= fall in love with so much

Paul **fell head over heels in love with** Maria.
Paul은 Maria와 사랑에 푹 빠졌다.

06 ☐☐☐

(너무 아름답거나 놀라워서)
~의 숨을 막히게 하다

take one's breath away

Her sweet smile **took his breath away**.
그녀의 아름다운 미소는 그의 숨을 막히게 했다.

07 ☐☐☐

A를 몹시 사랑하다

love A to the moon and back

They **love each other to the moon and back**.
그들은 서로를 몹시 사랑한다.

08 ☐☐☐

A를 진심으로 사랑하다

love A with all one's heart and soul

I **love you with all my heart and soul**.
나는 너를 진심으로 사랑해.

> 어휘 사전
> *heart 심장   *soul 영혼

09 ☐☐☐

일편단심이다

have a one-track mind

He **has a one-track mind** toward her.
그의 그녀를 향한 마음은 일편단심이다.

10 ☐☐☐

**~에게 성적 매력을 느끼다,
~에게 뜨거운 감정을 느끼다**

have the hots for

I think I **have the hots for** her.
난 그녀에게 성적 매력을 느끼는 것 같아.

11 ☐☐☐
A를 B와 소개시켜주다

set(=fix) A up with B

I will **set(=fix)** Nick with Emily.
난 Nick을 Emily와 소개시켜 줄 거야.

12 ☐☐☐
~와 소개팅을 하다

go on a blind date with

I'm going to **go on a blind date with** my friend's friend.
난 내 친구의 친구와 소개팅을 할 예정이야.

> **어휘 사전**
> *****blind** 눈이 먼

13 ☐☐☐
A에게 데이트 신청하다

ask A out

Did you **ask her out**?
너 그녀에게 데이트 신청했어?

14 ☐☐☐
A에게 애프터를 신청하다

ask A for a second date

I will **ask her for a second date**.
난 그녀에게 애프터를 신청할 것이야.

15 ☐☐☐
다음 데이트 약속을 하다

set a next date

I **set a next date** with her.
나는 그녀와 다음 데이트 약속을 했다.

16 □□□

~에게 마음이 있다

have a thing(=feeling) for

He **has a thing for** her.
그는 그녀에게 마음이 있다.

17 □□□

~와 썸을 타다

**seeing someone
= have something going with**

I think he **is seeing Jessica**.
내 생각에 그는 Jessica랑 썸 타고 있는 것 같아.

18 □□□

쟤네들 썸 타는가봐.

I think they have something going on.

19 □□□

~를 짝사랑하다

**fall in one-side love with
= have a big crush on
= carry the(a) torch for someone
= love someone in vain**

He **falls in one-side love with** her.
그는 그녀를 짝사랑한다.

20 □□□

눈을 낮추다

**lower one's standards for men/women
= keep one's eyes down for men/women**

You need to **lower your standards for men/women**.
너는 남자/여자 보는 눈을 낮출 필요가 있어.

Day 10 77

REVIEW TEST 1

 주어진 우리말을 영어로 말해보고, 틀린 표현이 있다면 체크하세요.

- ☐ 풋사랑
- ☐ 옛사랑
- ☐ ~에게 홀딱 반하다
- ☐ 콩깍지가 씌다
- ☐ ~와 사랑에 푹 빠지다
- ☐ (너무 아름답거나 놀라워서)
  ~의 숨을 막히게 하다
- ☐ A를 몹시 사랑하다
- ☐ A를 진심으로 사랑하다
- ☐ 일편단심이다
- ☐ ~에게 성적 매력을 느끼다,
  ~에게 뜨거운 감정을 느끼다

- ☐ A를 B와 소개시켜주다
- ☐ ~와 소개팅을 하다
- ☐ A에게 데이트 신청하다
- ☐ A에게 애프터를 신청하다
- ☐ 다음 데이트 약속을 하다
- ☐ ~에게 마음이 있다
- ☐ ~와 썸을 타다
- ☐ 쟤네들 썸 타는가봐.
- ☐ ~를 짝사랑하다
- ☐ 눈을 낮추다

REVIEW TEST 2

 주어진 우리말을 영어로 말해보고, 틀린 표현이 있다면 체크하세요.

- ☐ 그것은 나의 풋사랑이었어.
- ☐ 그는 비 오는 날 버스 정류장에서 옛사랑을 우연히 만났다.
- ☐ 난 첫눈에 그녀에게 반했지.
- ☐ 그는 콩깍지가 씌었어.
- ☐ Paul은 Maria와 사랑에 푹 빠졌다.
- ☐ 그녀의 아름다운 미소는 그의 숨을 막히게 했다.
- ☐ 그들은 서로를 몹시 사랑한다.
- ☐ 나는 너를 진심으로 사랑해.
- ☐ 그의 그녀를 향한 마음은 일편단심이다.
- ☐ 난 그녀에게 성적 매력을 느끼는 것 같아.
- ☐ 난 Nick을 Emily와 소개시켜 줄 예정이야.
- ☐ 난 내 친구의 친구와 소개팅을 할 예정이야.
- ☐ 너 그녀에게 데이트 신청했어?
- ☐ 난 그녀에게 애프터를 신청할 것이야.
- ☐ 나는 그녀와 다음 데이트 약속을 했다.
- ☐ 그는 그녀에게 마음이 있다.
- ☐ 내 생각에 그는 Jessica랑 썸 타고 있는 것 같아.
- ☐ 쟤네들 썸 타는가봐.
- ☐ 그는 그녀를 짝사랑한다.
- ☐ 너는 남자/여자 보는 눈을 낮출 필요가 있어.

DAY 11 사랑, 연애, 결혼

01 ☐☐☐

눈이 너무 높다

One's standards for men/women are too high
= have too many standards for men/women

Your **standards for men/women are too high**.
너는 남자/여자 보는 눈이 너무 높아.

02 ☐☐☐

평생을 독신으로 살다

live and die single
= remain(=live) unmarried for life

Are you going to **live and die single**?
너 평생 독신으로 살거야?

03 ☐☐☐

모태솔로

a forever alone
= a virgin loser

He's **a forever alone**.
그는 모태솔로야.

04 ☐☐☐

~에게 추파를 던지다

make eyes at

A foreign guy **made eyes at** Sally.
한 외국인 녀석이 Sally에게 추파를 던졌어.

05 ☐☐☐

(연인으로서 만나는 것이 아니라) 성적인 관계만 갖는 사이

friendship with benefits

Their friendship turned into **a friendship with benefits**.
그들의 우정은 성적인 관계만 갖는 사이로 변했다.

06
수많은 여자들의 가슴을 설레게 하는 남자

heart-throb
The **heart-throb** wins lots of women's heart.
수많은 여심을 울리는 남자는 많은 여자들의 마음을 사로잡는다.

07
과분한 사람, 넘볼 수 없는 사람

out of one's league
Amy is **out of your league**.
Amy는 너한테 과분한 사람이야.

08
어장관리 하다

lead someone on
= keep someone on the hook
= breadcrumbing
She thought he loved her to the death, but he was **leading her on**.
그녀는 그가 자신을 죽도록 사랑한다고 생각했지만, 그는 어장관리를 했었다.

09
싱글이어서 누구든 만날 준비가 되어 있다

be single and ready to mingle
She says she **is single and ready to mingle**.
그녀는 자신은 싱글이어서 누구든 만날 준비가 되어 있다고 말한다.

> **어휘 사전**
> *mingle 섞이다, 어울리다

10
여자를 잘 꼬시다

have good game
The playboy **has good game**.
그 바람둥이 녀석은 여자를 잘 꼬신다.

11
**여자를 꼬시는 말
(작업멘트)**

pick-up line

What's your favorite **pick-up line**?

네가 가장 좋아하는 작업멘트는 뭐니?

12
**~에게 작업 걸다,
끼부리다**

**hit on
= make a pass at
= flirt with**

Don't **hit on** my boyfriend.

내 남자친구한테 작업 걸지 마.

13
꽃뱀

gold digger

I think she is **a gold digger**.

내 생각에 그녀는 꽃뱀이다.

> 어휘 사전
> ***digger** 채굴기

14
**(여자 입장에서)
너무나 싫은 사람**

creep

She says he is a real **creep**.

그녀는 그는 정말 너무 싫은 사람이라고 말한다.

15
눈웃음을 치다

smile with one's eyes

He sometimes **smiles with his eyes**.

그는 가끔 눈웃음을 쳐.

16 ☐☐☐

(마음에 드는)
~에게 수작을 걸다

chat someone up

Now, it's your turn to **chat her up**.

자 이제 네가 그녀에게 수작 걸어 볼 시간이다.

17 ☐☐☐

나 임자 있는 사람이야.
(사귀는 사람 있어.)

I'm taken.

18 ☐☐☐

~의 번호를 차단하다

block one's phone number

She **blocked my phone number**.

그녀는 내 전화번호를 차단했어.

어휘 사전
*block 차단하다

19 ☐☐☐

(상심한 남자에게)
세상에 여자는
많고도 많아.

Every Jack has his Jill(=Gill).

20 ☐☐☐

여자와 남자 사이에
한 사람이 상대방을
단순히 친구사이로
여기고, 상대방은 반대로
이성으로 보는 경우

be in the friendzone

Mark and Susan **are in the friendzone**.

Mark와 Susan 중 한 사람은 상대를 단순한 친구사이로 생각하지만 다른 한 사람은 상대를 이성으로 본다.

REVIEW TEST 1

 주어진 우리말을 영어로 말해보고, 틀린 표현이 있다면 체크하세요.

- ☐ 눈이 너무 높다
- ☐ 평생을 독신으로 살다
- ☐ 모태솔로
- ☐ ~에게 추파를 던지다
- ☐ (연인으로서 만나는 것이 아니라) 성적인 관계만 갖는 사이
- ☐ 수많은 여자들의 가슴을 설레게 하는 남자
- ☐ 과분한 사람, 넘볼 수 없는 사람
- ☐ 어장관리 하다
- ☐ 싱글이어서 누구든 만날 준비가 되어 있다
- ☐ 여자를 잘 꼬시다
- ☐ 여자를 꼬시는 말(작업멘트)
- ☐ ~에게 작업 걸다, 끼부리다
- ☐ 꽃뱀
- ☐ (여자 입장에서) 너무나 싫은 사람
- ☐ 눈웃음을 치다
- ☐ (마음에 드는) ~에게 수작을 걸다
- ☐ 나 임자 있는 사람이야.
- ☐ ~의 번호를 차단하다
- ☐ (상심한 남자에게) 세상에 여자는 많고도 많아.
- ☐ 여자와 남자 사이에 한 사람이 상대방을 단순히 친구사이로 여기고, 상대방은 반대로 이성으로 보는 경우

REVIEW TEST 2

 주어진 우리말을 영어로 말해보고, 틀린 표현이 있다면 체크하세요.

- ☐ 너는 남자/여자 보는 눈이 너무 높아.
- ☐ 너 평생 독신으로 살거야?
- ☐ 그는 모태솔로야.
- ☐ 한 외국인 녀석이 Sally에게 추파를 던졌어.
- ☐ 그들의 우정은 성적인 관계만 갖는 사이로 변했다.
- ☐ 수많은 여심을 울리는 남자는 많은 여자들의 마음을 사로잡는다.
- ☐ Amy는 너한테 과분한 사람이야.
- ☐ 그녀는 그가 자신을 죽도록 사랑한다고 생각했지만, 그는 어장관리를 했었다.
- ☐ 그녀는 자신은 싱글이어서 누구든 만날 준비가 되어 있다고 말한다.
- ☐ 그 바람둥이 녀석은 여자를 잘 꼬신다.

- ☐ 네가 가장 좋아하는 작업멘트는 뭐니?
- ☐ 내 남자친구한테 작업 걸지 마.
- ☐ 내 생각에 그녀는 꽃뱀이다.
- ☐ 그녀는 그는 정말이지 너무 싫은 사람이라고 말한다.
- ☐ 그는 가끔 눈웃음을 쳐.
- ☐ 자 이제 네가 그녀에게 수작 걸어 볼 시간이다.
- ☐ 나 임자 있는 사람이야.
- ☐ 그녀는 내 전화번호를 차단했어.
- ☐ 세상에 여자는 많고도 많아.
- ☐ Mark와 Susan 중 한 사람은 상대를 단순한 친구사이로 생각하지만 다른 한 사람은 상대를 이성으로 본다.

DAY 12 사랑, 연애, 결혼

01 ☐☐☐

남사친/여사친

guy friend/lady friend
= male friend/female friend

Edward is just my **guy friend**.
Edward는 그냥 내 남사친이야.

02 ☐☐☐

튕기다, 밀당을 하다

play hard to get
= play mind games
= push and pull

She is **playing hard to get**.
그녀는 지금 밀당을 하고 있어.

03 ☐☐☐

자신이 엄마도 아니면서
엄마처럼 구는 여자

mother hen

We call that kind of woman **a mother hen**.
우리는 그런 여자를 엄마도 아니면서 엄마처럼 구는 여자라고 부른다.

> 어휘 사전
> ***hen** 암탉

04 ☐☐☐

아내나 여자 친구를
두고 다른 여자와
바람피우는 남자

love rat

Did you know the heart-throb was **a love rat**?
너는 수많은 여자들의 가슴을 두근거리게 하는 그 남자가 바람둥이였다는 것을 알았어?

05 ☐☐☐

양다리를 걸치다

be two-timing someone

I think my girlfriend **is two-timing me**.
내 생각에 내 여자친구가 양다리를 걸치고 있는 것 같아.

06 ☐☐☐

A를 오해하다

get A wrong

She **got her boyfriend wrong**.

그녀는 그녀의 남자친구를 오해했다.

> 어휘 사전
> *****wrong** 잘못된

07 ☐☐☐

~에게 화풀이를 하다

take it out on

My girlfriend sometimes **takes it out on** me.

내 여자친구는 가끔 나한테 화풀이를 한다.

08 ☐☐☐

~에게 정 떨어지다

be put off by

I **was put off by** my boyfriend.

나 내 남자친구한테 정 떨어졌어.

09 ☐☐☐

A를 바람맞히다

stand A out

She **stood him out** in the rain.

그녀는 비가 오는데 그를 바람 맞혔어.

10 ☐☐☐

관계가 깨질지도 모르다

one's relationship is on the rocks

I think **their relationship is on the rocks**.

내 생각에는 그들의 관계는 깨질지도 모르겠어.

> 어휘 사전
> *****relationship** 관계

Day 12 **87**

11 ☐☐☐
A를 차다

> **dump A**
>
> Why did she **dump him**?
>
> 그녀는 왜 그를 찼을까?
>
> 어휘 사전
> *dump 버리다

12 ☐☐☐
~에게 차이다

> **get dumped by**
>
> He **got dumped by** his girlfriend.
>
> 그는 그의 여자친구에게 차였다.

13 ☐☐☐
~와 헤어지다

> **split(=break) up with**
>
> Finally, he **split(=broke) up with** her.
>
> 마침내, 그는 그녀와 헤어졌어.
>
> 어휘 사전
> *split 분열되다

14 ☐☐☐
**~를 잊다,
마음 정리를 하다**

> **get over**
>
> I want to **get over** her.
>
> 난 그녀를 잊고 싶어.

15 ☐☐☐
~에게 질척거리다

> **be clingy with**
>
> John **is** too **clingy with** Amy.
>
> John은 Amy한테 너무 질척대.

16 ☐☐☐
환승 이별을 하다

move on to another person immediately

I don't want to **move on to another person immediately**.

난 환승 이별을 하고 싶지 않아.

17 ☐☐☐
환승 연애

**rebound relationship
= transit love**

A **rebound relationship** is not what I want.

환승 연애는 내가 원하는 것이 아니야.

> **어휘 사전**
> *rebound 다시 튀어오르다   *transit 환승

18 ☐☐☐
헤어졌다 다시 만나다

get back together

The couple **got back together** after the broke-up a year ago.

그 커플은 1년 전에 헤어졌다가 다시 만났어.

19 ☐☐☐
헤어졌다 다시 만나고 또 헤어지고 만나다

be on and off again

Some couples **are on and off again**.

어떤 커플들은 헤어졌다 다시 만나고 또 헤어지고 만난다.

20 ☐☐☐
사랑한다고 말하다

say those little three words

How many times do you **say those little three words** to your wife every day?

당신은 매일 당신의 아내에게 사랑한다는 말을 몇 번이나 하시나요?

REVIEW TEST 1

 주어진 우리말을 영어로 말해보고, 틀린 표현이 있다면 체크하세요.

- ☐ 남사친/여사친
- ☐ 튕기다, 밀당을 하다
- ☐ 자신이 엄마도 아니면서 엄마처럼 구는 여자
- ☐ 아내나 여자 친구를 두고 다른 여자와 바람피우는 남자
- ☐ 양다리를 걸치다
- ☐ A를 오해하다
- ☐ ~에게 화풀이를 하다
- ☐ ~에게 정 떨어지다
- ☐ A를 바람맞히다
- ☐ 관계가 깨질지도 모르다

- ☐ A를 차다
- ☐ ~에게 차이다
- ☐ ~와 헤어지다
- ☐ ~를 잊다, 마음 정리를 하다
- ☐ ~에게 질척거리다
- ☐ 환승 이별을 하다
- ☐ 환승 연애
- ☐ 헤어졌다 다시 만나다
- ☐ 헤어졌다 다시 만나고 또 헤어지고 만나다
- ☐ 사랑한다고 말하다

REVIEW TEST 2

 주어진 우리말을 영어로 말해보고, 틀린 표현이 있다면 체크하세요.

☐ Edward는 그냥 내 남사친이야.

☐ 그녀는 지금 밀당을 하고 있어.

☐ 우리는 그런 여자를 엄마도 아니면서 엄마처럼 구는 여자라고 부른다.

☐ 너는 수많은 여자들의 가슴을 두근거리게 하는 그 남자가 바람둥이였다는 것을 알았어?

☐ 내 생각에 내 여자친구가 양다리를 걸치고 있는 것 같아.

☐ 그녀는 그녀의 남자친구를 오해했다.

☐ 내 여자친구는 가끔 나한테 화풀이를 한다.

☐ 나 내 남자친구한테 정 떨어졌어.

☐ 그녀는 비가 오는데 그를 바람 맞혔어.

☐ 내 생각에는 그들의 관계는 깨질지도 모르겠어.

☐ 그녀는 왜 그를 찼을까?

☐ 그는 그의 여자친구에게 차였다.

☐ 마침내, 그는 그녀와 헤어졌어.

☐ 난 그녀를 잊고 싶어.

☐ John은 Amy한테 너무 질척대.

☐ 난 환승 이별을 하고 싶지 않아.

☐ 환승 연애는 내가 원하는 것이 아니야.

☐ 그 커플은 1년 전에 헤어졌다가 다시 만났어.

☐ 어떤 커플들은 헤어졌다 다시 만나고 또 헤어지고 만난다.

☐ 당신은 매일 당신의 아내에게 사랑한다는 말을 몇 번이나 하시나요?

DAY 13 사랑, 연애, 결혼

01 ☐☐☐

닭살 커플

lovey-dovey couple
= lovebirds

There are lots of **lovey-dovey couples** here and there.
닭살 커플들이 여기 저기 도처에 있다.

02 ☐☐☐

스킨십

physical affection

She likes **physical affection**.
그녀는 스킨십을 좋아한다.

어휘 사전
*physical 육체의   *affection 애착, 애정

03 ☐☐☐

진도를 빼다

take the relationship to the next level

They want to **take the relationship to the next level**.
그들은 진도를 빼길 원한다.

04 ☐☐☐

서로 잘 어울리다

look good together

You guys **look good together**.
너희 서로 잘 어울려.

05 ☐☐☐

~와 사귀다

go out with
= be in a relationship with

Do you have anyone you **go out with** now?
너 지금 사귀는 사람 있어?

06 ☐☐☐
사귄지 ~ 됐다

have been together for

We **have been together for** two years.
우리는 사귄지 2년 됐어.

07 ☐☐☐
오래 사귄 여자친구/남자친구

long-time girlfriend/boyfriend

I will marry my **long-time girlfriend**.
나는 오래 사귄 여자친구와 결혼할 것이다.

08 ☐☐☐
사랑싸움을 하다

have a lover's quarrel

They often **have a lover's quarrel**.
그들은 종종 사랑싸움을 해.

> **어휘 사전**
> *quarrel 다툼

09 ☐☐☐
상사병에 걸리다

be(=become) lovesick

The forever alone(=virgin loser) **was(=became) lovesick**.
그 모태솔로는 상사병에 걸렸어.

10 ☐☐☐
두 커플이 함께 데이트하다

go on a double date

They agreed to **go on a double date**.
그들은 더블데이트를 하기로 동의했어.

11 ☐☐☐
~의 가슴을 설레게 하다

make one's heart flutter

She **makes his heart flutter**.

그녀는 그의 가슴을 설레게 한다.

> 어휘 사전
> *flutter 흔들림, 떨림

12 ☐☐☐
설레는 마음으로

with a throbbing heart

I am waiting for her to come out **with a throbbing heart**.

나는 설레는 마음으로 그녀가 나오기를 기다리고 있어.

> 어휘 사전
> *throbbing 두근거리는

13 ☐☐☐
~의 진짜 연인(애인)

one's main squeeze

She is **his main squeeze**.

그녀는 그의 진짜 애인이야.

> 어휘 사전
> *squeeze 애인

14 ☐☐☐
장거리 연애하다

be in a long distance relationship

They have **been in a long distance relationship for 2 years**.

그들은 2년 동안 장거리 연애하고 있다.

> 어휘 사전
> *long 긴   *distance 거리

15 ☐☐☐
사귀는 사람이 있다

be in a relationship

Are you **in a relationship**?

사귀는 사람 있으세요?

16 ☐☐☐
연인 사이다

be an item

We have **been an item** for over 3 years.
우리는 3년 넘게 연인사이야.

17 ☐☐☐
~와 꾸준히 사귀다, ~와 오래 사귀다

go steady with

He has been **going steady with** his girlfriend.
그는 그의 여자친구와 꾸준히 사귀는 중이다.

18 ☐☐☐
죽도록 사랑하다

love to death

I can feel my parents **love** each other **to death**.
난 내 부모님께서는 서로를 죽도록 사랑하신다고 느낄 수 있어.

19 ☐☐☐
깨가 쏟아지다

overflow with love

Look at this couple **overflowing with love**.
깨가 쏟아지는 이 커플 좀 봐.

> **어휘 사전**
> *smitten 홀딱 반한

20 ☐☐☐
나 너를 하늘만큼 땅만큼 사랑해.

I love you more than there are stars in the sky.

REVIEW TEST 1

 주어진 우리말을 영어로 말해보고, 틀린 표현이 있다면 체크하세요.

☐ 닭살 커플

☐ 스킨십

☐ 진도를 빼다

☐ 서로 잘 어울리다

☐ ~와 사귀다

☐ 사귄지 ~ 됐다

☐ 오래 사귄 여자친구/남자친구

☐ 사랑싸움을 하다

☐ 상사병에 걸리다

☐ 두 커플이 함께 데이트하다

☐ ~의 가슴을 설레게 하다

☐ 설레는 마음으로

☐ ~의 진짜 연인(애인)

☐ 장거리 연애하다

☐ 사귀는 사람이 있다

☐ 연인 사이다

☐ ~와 꾸준히 사귀다, ~와 오래 사귀다

☐ 죽도록 사랑하다

☐ 깨가 쏟아지다

☐ 나 너를 하늘만큼 땅만큼 사랑해.

REVIEW TEST 2

 주어진 우리말을 영어로 말해보고, 틀린 표현이 있다면 체크하세요.

- ☐ 닭살 커플들이 여기 저기 도처에 있다.
- ☐ 그녀는 스킨십을 좋아한다.
- ☐ 그들은 진도를 빼길 원한다.
- ☐ 너희 서로 잘 어울려.
- ☐ 너 지금 사귀는 사람 있어?
- ☐ 우리는 사귄지 2년 됐어.
- ☐ 나는 오래 사귄 여자친구와 결혼할 것이다.
- ☐ 그들은 종종 사랑싸움을 해.
- ☐ 그 모태솔로는 상사병에 걸렸어.
- ☐ 그들은 더블데이트를 하기로 동의했어.

- ☐ 그녀는 그의 가슴을 설레게 한다.
- ☐ 나는 설레는 마음으로 그녀가 나오기를 기다리고 있어.
- ☐ 그녀는 그의 진짜 애인이야.
- ☐ 그들은 2년 동안 장거리 연예하고 있다.
- ☐ 사귀는 사람 있으세요?
- ☐ 우리는 3년 넘게 연인사이야.
- ☐ 그는 그의 여자친구와 꾸준히 사귀는 중이다.
- ☐ 난 내 부모님께서는 서로를 죽도록 사랑하신다고 느깔 수 있어.
- ☐ 깨가 쏟아지는 이 커플 좀 봐.
- ☐ 나 너를 하늘만큼 땅만큼 사랑해.

Day 13

DAY 14 사랑, 연애, 결혼

01 ☐☐☐

애교를 부리다

act cute
= act charming
= turn on one's charm

My girlfriend sometimes **acts cute**.
내 여자 친구는 때때로 애교를 부려.

02 ☐☐☐

혀 짧은 소리로 말하다

speak with a lisp

Please, don't **speak with a lisp**.
제발 혀 짧은 소리를 말하지 말아주세요.

03 ☐☐☐

두 연인 사이에 눈치 없이 끼어있다

play gooseberry

He didn't realize he was **playing gooseberry**.
그는 자신이 눈치 없이 두 연인 사이에 끼어있었다는 것을 몰랐다.

04 ☐☐☐

원하는 남자/여자와 만나 정착하다

settle down with the right guy/girl

He/She finally **settled down with the right girl/guy**.
그는/그녀는 마침내 원하는 여자/남자와 정착을 했다.

05 ☐☐☐

운명의 사람을 만나다, 짝을 찾다

meet the one

Finally, I **met the one**.
마침내 나는 운명의 짝을 찾았다.

06 ☐☐☐
~와 결혼을 생각하며 교제하다

go out with someone with marriage in mind

She **goes out with him with marriage in mind**.
그녀는 결혼을 생각하며 그와 교제를 한다.

07 ☐☐☐
~와 결혼하지 않고 동거하다

shack up with

Megan agreed to **shack up with** Luke.
Megan은 Luke와 결혼하지 않고 동거하기로 동의했다.

08 ☐☐☐
결혼을 서둘러 했다가는 나중에 후회할 수도 있다

marry in haste, repent at leisure

My parents always say, **marry in haste, repent at leisure**.
우리 부모님은 결혼을 서둘러 했다가는 나중에 후회할 수도 있다고 항상 말씀하신다.

09 ☐☐☐
젊고 아름다운 아내

trophy wife

He is proud of and thankful for his **trophy wife**.
그는 젊고 아름다운 아내가 자랑스럽고 (그녀에게) 고마워한다.

10 ☐☐☐
~의 배우자

one's better(=other) half

I love **my better(=other) half** to the death.
나는 내 아내를 죽도록 사랑한다.

11 ☐☐☐
아내에게 잡혀 살다

be tied to one's wife's apron strings

John **is tied to his wife's apron strings**.
John은 그의 아내에게 잡혀 산다.

> **어휘 사전**
> *****tie** 묶다   *****apron string** 앞치마 끈

12 ☐☐☐
원하는 남자/여자를 만나다

find the right guy/girl

He/She is hoping to **find the right girl/guy** some day.
그는/그녀는 언젠가 원하는 여자/남자를 만나기를 희망하고 있다.

13 ☐☐☐
~가 가장 사랑하는 사람

the love of one's life

My father was **the love of my mother's life**.
내 아버지는 내 어머니가 가장 사랑하는 사람이었다.

14 ☐☐☐
(신부의 임신 등으로) 급히 하는 결혼

shotgun wedding

Who wants **a shotgun wedding**?
누가 급하게 치루는 결혼을 원하겠어?

15 ☐☐☐
정말 못생긴 사람

face only a mother could love

She was captivated by **a face only a mother could love**.
그녀는 정말 못생긴 사람에게 마음을 뺏겼다.

> **어휘 사전**
> *****captivate** ~의 마음을 사로잡다

16 □□□
사랑이면 해결이 돼.

Love will find a way.

17 □□□
프러포즈 이벤트를 준비하다

arrange(=prepare) a proposal event

My boyfriend seems to be **arranging a proposal event**.
내 남자친구는 프러포즈 이벤트를 준비하고 있는 중인 것 같다.

> 어휘 사전
> *arrange 마련하다   *prepare 준비하다

18 □□□
~에게 청혼하다

**pop the question to
= ask for one's hand
= get down on one's knee**

Did you **pop the question to** her?
너 그녀에게 청혼했니?

> 어휘 사전
> *pop 불쑥 나타나다   *knee 무릎

19 □□□
나 결혼해.

I'm getting married.

I heard a rumor that **you are getting married next month**.
나 너 다음 달에 결혼한다는 소문 들었어.

20 □□□
청첩장을 돌리다

give(=send) out wedding invitations

She **gave out wedding invitations**.
그녀는 청첩장을 돌렸다.

REVIEW TEST 1

 주어진 우리말을 영어로 말해보고, 틀린 표현이 있다면 체크하세요.

- ☐ 애교를 부리다
- ☐ 혀 짧은 소리로 말하다
- ☐ 두 연인 사이에 눈치 없이 끼어있다
- ☐ 원하는 남자/여자와 만나 정착하다
- ☐ 운명의 사람을 만나다, 짝을 찾다
- ☐ ~와 결혼을 생각하며 교제하다
- ☐ ~와 결혼하지 않고 동거하다
- ☐ 결혼을 서둘러 했다가는 나중에 후회할 수도 있다
- ☐ 젊고 아름다운 아내
- ☐ ~의 배우자

- ☐ 아내에게 잡혀 살다
- ☐ 원하는 남자/여자를 만나다
- ☐ ~가 가장 사랑하는 사람
- ☐ (신부의 임신 등으로) 급히 하는 결혼
- ☐ 정말 못생긴 사람
- ☐ 사랑이면 해결이 돼.
- ☐ 프러포즈 이벤트를 준비하다
- ☐ ~에게 청혼하다
- ☐ 나 결혼해.
- ☐ 청첩장을 돌리다

REVIEW TEST 2

 주어진 우리말을 영어로 말해보고, 틀린 표현이 있다면 체크하세요.

- ☐ 내 여자 친구는 때때로 애교를 부려.
- ☐ 제발 혀 짧은 소리를 말하지 말아주세요.
- ☐ 그는 자신이 눈치 없이 두 연인 사이에 끼어있었다는 것을 몰랐다.
- ☐ 그는/그녀는 마침내 원하는 여자/남자와 정착을 했다.
- ☐ 마침내 나는 운명의 짝을 찾았다.
- ☐ 그녀는 결혼을 생각하며 그와 교제를 한다.
- ☐ Megan은 Luke와 결혼하지 않고 동거하기로 동의했다.
- ☐ 우리 부모님은 결혼을 서둘러 했다가는 나중에 후회할 수도 있다고 항상 말씀하신다.
- ☐ 그는 젊고 아름다운 아내가 자랑스럽고 (그녀에게) 고마워한다.
- ☐ 나는 내 아내를 죽도록 사랑한다.
- ☐ John은 그의 아내에게 잡혀 산다.
- ☐ 그는/그녀는 언젠가 원하는 여자/남자를 만나기를 희망하고 있다.
- ☐ 내 아버지는 내 어머니가 가장 사랑하는 사람이었다.
- ☐ 누가 급하게 치루는 결혼을 원하겠어?
- ☐ 그녀는 정말 못생긴 사람에게 마음을 뺏겼다.
- ☐ 사랑이면 해결이 돼.
- ☐ 내 남자친구는 프러포즈 이벤트를 준비하고 있는 중인 것 같다.
- ☐ 너 그녀에게 청혼했니?
- ☐ 나 너 다음 달에 결혼한다는 소문 들었어.
- ☐ 그녀는 청첩장을 돌렸다.

Day 14 103

DAY 15 사랑, 연애, 결혼

01 ☐☐☐
축의금을 내다

pay(=give) congratulatory money

How much **congratulatory money** will you **pay**?
너 축의금 얼마 낼 거야?

02 ☐☐☐
혼인서약을 하다

exchange wedding(=marriage) vows

They **exchanged wedding vows**.
그들은 혼인서약을 했다.

03 ☐☐☐
신혼 여행지를 정하다

decide on the honeymoon destination

They **decided on the honeymoon destination**.
그들은 신혼 여행지를 정했다.

04 ☐☐☐
하와이로 4박 5일 신혼여행을 가다

go on a honeymoon to Hawaii for 4 nights and 5 days

We're going to **go on a honeymoon to Hawaii for 4 nights and 5 days**.
우리는 하와이로 4박 5일 신혼여행을 갈 예정이다.

05 ☐☐☐
평생토록 같이 하다

ride or die

She and I will **ride or die**.
그녀와 나는 평생토록 같이 할 것이다.

06 ☐☐☐
결혼하는 날

the big day

When is your **big day**?
너 결혼 날짜가 언제야?

07 ☐☐☐
결혼식장에서 축가를 부르다

sing at(=for) a wedding

I **sang at(=for)** my friend's **wedding** yesterday.
난 어제 내 친구의 결혼식장에서 축가를 불렀다.

08 ☐☐☐
~의 아들/딸을 ~에게 장가/시집보내다

marry off one's son/daughter to

The Italian couple **married off their daughter to** a Korean guy.
그 이탈리안 부부는 그들의 딸을 한국 남자에게 시집보냈다.

09 ☐☐☐
짚신도 짝이 있다.

There is someone for everyone.

10 ☐☐☐
천생연분이다

be made in the heaven
= be made for each other
= mean to be together

He and she **are made in the heaven**.
그와 그녀는 천생연분이야.

11 ☐☐☐
인연이 아니다

be not meant to be
= be not destined for each other

He and she **are not meant to be**.

그와 그녀는 인연이 아니야.

12 ☐☐☐
실연을 극복 중이다

be on the rebound

He **is on the rebound**.

그는 실연을 극복 중이야.

> 어휘 사전
> *rebound (공이) 다시 튀어나옴

13 ☐☐☐
A와 B는 서로 조금도 사랑하지 않는다.

There is no love lost between A and B.

There was no love lost between him and her.

그와 그녀는 서로 조금도 사랑하지 않았어.

14 ☐☐☐
정략결혼

marriage of convenience

Some people prefer **marriage of convenience**.

일부 사람들은 정략결혼을 선호한다.

> 어휘 사전
> *convenience 편의, 편리한 것

15 ☐☐☐
돈 보고 결혼하다

marry (for) money
= marry a wealthy person

Some people **marry (for) money**.

어떤 사람들은 돈 보고 결혼한다.

16 ☐☐☐
혼인신고를 하다

register one's marriage

Where should I **register my marriage**?
혼인신고를 어디서 해야 하나요?

> 어휘 사전
> *register 등록하다, 명부에 기입하다

17 ☐☐☐
결혼 전에 파혼하다

leave at the altar

Some couples **leave at the altar**.
어떤 커플들은 결혼 전에 파혼한다.

> 어휘 사전
> *altar 제단

18 ☐☐☐
중매결혼하다

get married by arrangement
= get married by match-making

Thirty years ago, many people **got married by arrangement(=match-making)**.
30년 전에 많은 사람들은 중매로 결혼했다.

> 어휘 사전
> *arrangement 준비, 합의, 배치

19 ☐☐☐
(심장이) 두근두근거리다

go pit-a-pat

My heart **went pit-a-pat** when I first met my wife.
내 부인을 처음 만났을 때, 내 심장은 두근두근거렸다.

20 ☐☐☐
신혼여행을 가다

go on one's honeymoon

We **went on our honeymoon** to Hawaii 10 years ago.
우리는 10년 전에 하와이로 신혼여행을 갔었지.

Day 15 **107**

REVIEW TEST 1

 주어진 우리말을 영어로 말해보고, 틀린 표현이 있다면 체크하세요.

☐ 축의금을 내다

☐ 혼인서약을 하다

☐ 신혼 여행지를 정하다

☐ 하와이로 4박5일 신혼여행을 가다

☐ 평생토록 같이 하다

☐ 결혼하는 날

☐ 결혼식장에서 축가를 부르다

☐ ~의 아들/딸을 ~에게 장가/시집보내다

☐ 짚신도 짝이 있다.

☐ 천생연분이다

☐ 인연이 아니다

☐ 실연을 극복 중이다

☐ A와 B는 서로 조금도 사랑하지 않는다.

☐ 정략결혼

☐ 돈 보고 결혼하다

☐ 혼인신고를 하다

☐ 결혼 전에 파혼하다

☐ 중매결혼하다

☐ (심장이) 두근두근거리다

☐ 신혼여행을 가다

REVIEW TEST 2

 주어진 우리말을 영어로 말해보고, 틀린 표현이 있다면 체크하세요.

- □ 너 축의금 얼마 낼 거야?
- □ 그들은 혼인서약을 했다.
- □ 그들은 신혼 여행지를 정했다.
- □ 우리는 하와이로 4박 5일 신혼여행을 갈 예정이다.
- □ 그녀와 나는 평생토록 같이 할 것이다.
- □ 너 결혼 날짜가 언제야?
- □ 난 어제 내 친구의 결혼식장에서 축가를 불렀어.
- □ 그 이탈리안 부부는 그들의 딸을 한국 남자에게 시집보냈다.
- □ 짚신도 짝이 있다.
- □ 그와 그녀는 천생연분이야.
- □ 그와 그녀는 인연이 아니야.
- □ 그는 실연을 극복 중이야.
- □ 그와 그녀는 서로 조금도 사랑하지 않았어.
- □ 일부 사람들은 정략결혼을 선호한다.
- □ 어떤 사람들은 돈 보고 결혼한다.
- □ 혼인신고를 어디서 해야 하나요?
- □ 어떤 커플들은 결혼 전에 파혼한다.
- □ 30년 전에 많은 사람들은 중매로 결혼했다.
- □ 내 부인을 처음 만났을 때, 내 심장은 두근두근거렸다.
- □ 우리는 10년 전에 하와이로 신혼여행을 갔었지.

DAY 16 사랑, 연애, 결혼

01 ☐☐☐

권태기가 오다

have the seven year itch
= lose one's spark

We have never **had the seven year itch**.
우리는 권태기에 접어들었던 적이 없어.

02 ☐☐☐

별거하다

live apart
= get separated
= split the blanket

They agreed to **live apart**.
그들은 별거하기로 동의했다.

03 ☐☐☐

딴 남자/여자한테 신경 꺼.

Don't check out other guys/girls.

04 ☐☐☐

A 몰래 바람을 피우다

cheat on A

He was caught **cheating on his wife**.
그는 아내 몰래 바람피우다 걸렸다.

05 ☐☐☐

~와 바람을 피우다

play(=fool) around with
= have an affair with

He was caught **playing(=fooling) around with** one of his wife's friend.
그는 그의 아내 친구들 중 한 명과 바람피우다 걸렸어.

06 ☐☐☐

이번에는 눈감아줄게. (봐줄게)

I'll let you off the hook this time.

07 ☐☐☐

남편/부인에게 이혼을 요구하다

ask one's husband/wife for a divorce

She/He **asked her husband/his wife for a divorce.**
그녀/그는 자신의 남편/아내에게 이혼을 요구했다.

> 어휘 사전
> *ask for ~을 요청하다   *divorce 이혼

08 ☐☐☐

이혼하다

**get divorced
= split up
= get a divorce**

When did they **get divorced**?
그들은 언제 이혼했어?

09 ☐☐☐

합의 이혼하다

get a divorce(=get divorced) by mutual agreement

Finally, they **got a divorce(=got divorced) by mutual agreement**.
마침내 그들은 합의 이혼했다.

> 어휘 사전
> *mutual 상호간의   *agreement 합의, 동의

10 ☐☐☐

이혼소송을 하다

sue for divorce

She decided to **sue for divorce**.
그녀는 이혼소송을 하기로 결심했다.

11 ☐☐☐
동성결혼에 찬성/반대하다

go for/against same-sex marriage

Do you **go for/against same-sex marriage**?

너는 동성결혼에 찬성하니/반대하니?

12 ☐☐☐
달콤한 밀어를 속삭이다

whisper sweet nothings

Some guys **whisper sweet nothings** to their main squeeze before marriage.

일부 남자들은 그들의 진짜 애인에게 결혼 전에 달콤한 밀어를 속삭인다.

> 어휘 사전
> *whisper 속삭이다

13 ☐☐☐
남녀 간의 나이차이가 많은 결혼

May-December marriage

Some people choose **May-December marriage**.

어떤 사람들은 남녀 간의 나이차이가 많은 결혼을 선택한다.

14 ☐☐☐
너무 가까우면 소중함을 모른다.

Familiarity breeds contempt.

> 어휘 사전
> *breed 새끼를 낳다   *contempt 경멸

15 ☐☐☐
안 보면 더 보고 싶어지지.

Absence makes the heart grow fonder.

> 어휘 사전
> *absence 결석, 없음   *fond 애정을 느끼는

16 ☐☐☐

세상은 사랑이 있어서 돌아간다.

Love makes the world go round.

17 ☐☐☐

~와 화해하다

patch things up with
= patch a relationship with
= kiss and make up with

He **patched things up with** his girlfriend.
그는 그녀와 화해를 했어.

18 ☐☐☐

너는 세상에 하나 밖에 없는 내 사랑이야.

You are my one and only.

19 ☐☐☐

너는 눈에 넣어도 아프지 않은 내 사랑이야.

You are the apple of my eye.

20 ☐☐☐

세상의 절반이 남자/여자다.

(세상에 남자/여자는 많다.)

There is a lot of fish in the sea.

REVIEW TEST 1

 주어진 우리말을 영어로 말해보고, 틀린 표현이 있다면 체크하세요.

- ☐ 권태기가 오다
- ☐ 별거하다
- ☐ 딴 남자/여자한테 신경 꺼.
- ☐ A 몰래 바람을 피우다
- ☐ ~와 바람을 피우다
- ☐ 이번에는 눈감아줄게(봐줄게).
- ☐ 남편/부인에게 이혼을 요구하다
- ☐ 이혼하다
- ☐ 합의 이혼하다
- ☐ 이혼소송을 하다

- ☐ 동성결혼에 찬성/반대하다
- ☐ 달콤한 밀어를 속삭이다
- ☐ 남녀 간의 나이차이가 많은 결혼
- ☐ 너무 가까우면 소중함을 모른다.
- ☐ 안 보면 더 보고 싶어지ticker.
- ☐ 세상은 사랑이 있어서 돌아간다.
- ☐ ~와 화해하다
- ☐ 너는 세상에 하나 밖에 없는 내 사랑이야.
- ☐ 너는 눈에 넣어도 아프지 않은 내 사랑이야.
- ☐ 세상의 절반이 남자/여자다.

REVIEW TEST 2

 주어진 우리말을 영어로 말해보고, 틀린 표현이 있다면 체크하세요.

☐ 우리는 권태기에 접어들었던 적이 없어.

☐ 그들은 별거하기로 동의했다.

☐ 딴 남자/여자한테 신경 꺼.

☐ 그는 아내 몰래 바람피우다 걸렸다.

☐ 그는 그의 아내 친구들 중 한 명과 바람피우다 걸렸어.

☐ 이번에는 눈감아줄게.

☐ 그녀/그는 자신의 남편/아내에게 이혼을 요구했다.

☐ 그들은 언제 이혼했어?

☐ 마침내 그들은 합의 이혼했다.

☐ 그녀는 이혼소송을 하기로 결심했다.

☐ 너는 동성결혼에 찬성하니/반대하니?

☐ 일부 남자들은 그들의 진짜 애인에게 결혼 전에 달콤한 밀어를 속삭인다.

☐ 어떤 사람들은 남녀 간의 나이차이가 많은 결혼을 선택한다.

☐ 너무 가까우면 소중함을 모른다.

☐ 안 보면 더 보고 싶어지지.

☐ 세상은 사랑이 있어서 돌아간다.

☐ 그는 그녀와 화해를 했어.

☐ 너는 세상에 하나 밖에 없는 내 사랑이야.

☐ 너는 눈에 넣어도 아프지 않은 내 사랑이야.

☐ 세상의 절반이 남자/여자다.

BONUS STAGE

✓ 관련 어휘 및 표현

- ☐ 품절남, 품절녀   off the market
- ☐ 싱글   on the market
- ☐ 돌싱   back on the market
- ☐ 전 남친/전 여친   ex-boyfriend/girlfriend
- ☐ 재회하다   reunite, meet again
- ☐ 내가 사랑하는 사람이 나를 사랑하지 않아서 슬픈 것   lovelorn
- ☐ 헌신적인   devoted
- ☐ 여보, 자기   darling
- ☐ 약혼하다   engage
- ☐ 약혼   engagement
- ☐ 약혼자   fiance
- ☐ 운명   destiny
- ☐ 키스자국   lovebite
- ☐ 사랑스러운   adorable

☐ 애정을 담아 부르는 호칭	sweetie
☐ (심장이) 두근두근하다	go pit-a-pat
☐ 노총각	old bachelor
☐ 노처녀	old maid, spinster
☐ 총각파티	bachelor party
☐ 청혼, 프러포즈	proposal
☐ 결혼하다	tie the knot
☐ 별거하다	separate
☐ 중매	go-betweens
☐ 중매 결혼	arranged marriage
☐ 연애 결혼	love marriage
☐ 위장 결혼	fake marriage
☐ 결혼 상대	marriage partner
☐ 결혼 적령기	marriageable age
☐ 혼인 신고	registration of marriage
☐ 신랑	groom
☐ 신부	bride
☐ (신랑의) 들러리	best man
☐ (신부의) 들러리	maid of honor = bridesmaid
☐ 신혼여행	honeymoon
☐ 신혼부부	newlyweds

PART 4

대인관계

DAY 17 대인관계

01 ☐☐☐
~와 사이가 좋다

be on good(=friendly=intimate) terms with

He **is on good(=friendly=intimate) terms with** his rivals. 그는 자신의 라이벌들과 사이가 좋아.

02 ☐☐☐
긴밀히 맺어진, 굳게 단결된

**close(ly)-knit
= be joined at the hip**

The members **are close(ly)-knit**.
그 회원들은 굳게 단결되어 있어.

03 ☐☐☐
~와 어울려 다니다

hang(=run) around with

I like to **hang(=run) around with** my friends.
나는 내 친구들과 어울려 다니는 것을 좋아한다.

04 ☐☐☐
~와 사이좋게 지내다

get along with

My son **gets along with** his friends.
내 아들은 친구들과 사이좋게 지낸다.

05 ☐☐☐
~와 죽이 잘 맞다

have good chemistry with

I **have good chemistry with** him.
나는 그와 죽이 잘 맞아.

> 어휘 사전
> *chemistry (사람 사이의) 화학 반응

06 ☐☐☐

~와 잘 어울리다, 잘 맞다

fit in with

My son **fits in with** his new friends.
내 아들은 새로운 친구들과 잘 어울린다.

07 ☐☐☐

같이 있으면 편안함을 주다

put someone at ease
= make someone comfortable
= have(=give) a good vibe

She **puts me at ease**.
그녀는 같이 있으면 편안함을 준다.

08 ☐☐☐

~와 처음부터 좋은/ 잘못된 관계로 시작하다

get off on the right/wrong foot with

I think you **got off on the right/wrong foot with** him.
내 생각에 너는 그와 처음부터 좋은/잘못된 관계로 시작한 것 같아.

09 ☐☐☐

오랫동안 서로 알고 지내다

go back a long way

He and I **go back a long way**.
그와 나는 서로 안 지 오래됐어.

10 ☐☐☐

아주 가까운 사이다

be as thick as thieves

She and I **are as thick as thieves**.
그녀와 나는 가까운 사이야.

> **어휘 사전**
> *__thick__ 두꺼운, 짙은   *__thieves__ 도둑들

11 ☐☐☐
뗄 레야 뗄 수 없는 사이다

be like salt and pepper
= Where the needle goes, the thread follows.

They **are like salt and pepper**.
그들은 뗄 레야 뗄 수 없는 사이야.

12 ☐☐☐
찰떡궁합이다

be a perfect match
= be made for each other
= be a match made in heaven

They **are a perfect match**.
그들은 찰떡궁합이야.

13 ☐☐☐
기댈 수 있는 사람

shoulder to cry on

Everybody needs **a shoulder to cry on**.
누구든 기댈 수 있는 사람이 필요해.

14 ☐☐☐
마음을 터놓다

come out of one's shell
= bare one's heart

My husband sometimes **comes out of his shell** to me.
내 남편은 때때로 나에게 마음을 털어놓는다.

15 ☐☐☐
함께 하기에 좋은/ 안 좋은 사람이다

be a good/bad company

Ivo **is a good company**.
Ivo는 함께 하기에 좋은 사람이다.

16
~을 아주 잘 알다

know someone inside out

He **knows me inside out**.

그는 나를 아주 잘 알지.

17
좋을 때나 안 좋을 때나

through thick and thin

Through thick and thin, she never loses smile.

좋을 때나 안 좋을 때나, 그녀는 늘 웃어.

18
급속도록 가까워지다

get on like a house on fire

She and I **got on like a house on fire**.

그녀와 난 급속도로 가까워졌어.

19
A는 낯을 가리다.

It takes A a bit to open up.

It takes John a bit to open up.

John은 낯을 가린다.

> **어휘 사전**
> *a bit 조금, 다소, 약간

20
겉돌다

be a fish out of water

She seems to **be a fish out of water**.

그녀는 겉도는 것 같다.

REVIEW TEST 1

 주어진 우리말을 영어로 말해보고, 틀린 표현이 있다면 체크하세요.

- ☐ ~와 사이가 좋다
- ☐ 긴밀히 맺어진, 굳게 단결된
- ☐ ~와 어울려 다니다
- ☐ ~와 사이좋게 지내다
- ☐ ~와 죽이 잘 맞다
- ☐ ~와 잘 어울리다, 잘 맞다
- ☐ 같이 있으면 편안함을 주다
- ☐ ~와 처음부터 좋은/잘못된 관계로 시작하다
- ☐ 오랫동안 서로 알고 지내다
- ☐ 아주 가까운 사이다
- ☐ 뗄 레야 뗄 수 없는 사이다
- ☐ 찰떡궁합이다
- ☐ 기댈 수 있는 사람
- ☐ 마음을 터놓다
- ☐ 함께 하기에 좋은/안 좋은 사람이다
- ☐ ~을 아주 잘 알다
- ☐ 좋을 때나 안 좋을 때나
- ☐ 급속도로 가까워지다
- ☐ A는 낯을 가리다.
- ☐ 겉돌다

REVIEW TEST 2

 주어진 우리말을 영어로 말해보고, 틀린 표현이 있다면 체크하세요.

- ☐ 그는 자신의 라이벌들과 사이가 좋아.
- ☐ 그 회원들은 굳게 단결되어 있어.
- ☐ 나는 내 친구들과 어울려 다니는 것을 좋아한다.
- ☐ 내 아들은 친구들과 사이좋게 지낸다.
- ☐ 나는 그와 죽이 잘 맞아.
- ☐ 내 아들은 새로운 친구들과 잘 어울린다.
- ☐ 그녀는 같이 있으면 편안함을 준다.
- ☐ 내 생각에 너는 그와 처음부터 좋은/ 잘못된 관계로 시작한 것 같아.
- ☐ 그와 나는 서로 안 지 오래됐어.
- ☐ 그녀와 나는 가까운 사이야.
- ☐ 그들은 뗄 레야 뗄 수 없는 사이야.
- ☐ 그들은 찰떡궁합이야.
- ☐ 누구든 기댈 수 있는 사람이 필요해.
- ☐ 내 남편은 때때로 나에게 마음을 털어놓는다.
- ☐ Ivo는 함께 하기에 좋은 사람이다.
- ☐ 그는 나를 아주 잘 알지.
- ☐ 좋을 때나 안 좋을 때나, 그녀는 늘 웃어.
- ☐ 그녀와 난 급속도로 가까워졌어.
- ☐ John은 낯을 가린다.
- ☐ 그녀는 겉도는 것 같다.

Day 17 **125**

DAY 18 대인관계

01 ☐☐☐

우리는 그만큼 친하지는 않아.
우리는 어색한 사이야.

We are not that close.

02 ☐☐☐

~에게 잘/안 좋게 보이다

be in one's good/bad books
= get on one's good/bad side

He gave her a present to **be in her good books**.
그는 그녀에게 잘 보이기 위해 선물을 줬다.

03 ☐☐☐

~와 서로 안면이 있다

be on nodding terms with
= have a nodding acquaintance with

I **am on nodding terms with** Jack.
나는 Jack과 안면이 있지.

> 어휘 사전
> ***nodding** 목례 인사

04 ☐☐☐

~와 서로 왕래하는 사이다

be on visiting terms with

She **is on visiting terms with** them.
그녀는 그들과 서로 왕래하는 사이야.

05 ☐☐☐

~와 서로 이야기 하는 사이다

be on speaking terms with

He **isn't on speaking terms with** her.
그와 그녀는 서로 이야기하는 사이가 아니야.

06
마음이 통한다, 척하면 척이다

be on the same wavelength

He and she **are on the same wavelength**.
그와 그녀는 마음이 통한다.

어휘 사전
*wavelength 파장, 주파수

07
대인관계가 원만하다

have good personal relationship

She seems to **have good personal relationship**.
그녀는 대인관계가 원만한 것 같아.

어휘 사전
*personal relationship 대인관계

08
대인관계에 문제가 있다

have problems with personal relationship

He seems to **have problems with personal relationship**.
그는 대인관계에 문제가 있는 것 같아.

09
티격태격하는 사이

stormy relationship

Their **stormy relationship** may end up getting divorced.
그들의 티격태격하는 사이는 결국에는 이혼으로 끝날지 몰라.

어휘 사전
*stormy 폭풍우가 몰아치는, 험악한

10
~와 애증의 관계에 있다

have a love-hate relationship with

She **has a love-hate relationship with** her sister.
그녀는 언니(여동생)와 애증의 관계다.

Day 18 **127**

11 ☐☐☐
~와 사이가 나쁘다

be on bad terms with

He **is on bad terms with** his boss.
그는 그의 상사와 사이가 나빠.

12 ☐☐☐
서로 으르렁대며 싸우다

fight like cats and dogs

They **fight like cats and dogs**.
그들은 서로 으르렁대며 싸워.

13 ☐☐☐
~와 말다툼을 하다

have an argument with

I **had an argument with** Tom.
나는 Tom과 말다툼을 했어.

> 어휘 사전
> ***argument** 논쟁, 언쟁

14 ☐☐☐
만나기만 하면 싸우다

never meet without quarreling

The two girls **never meet without quarreling**.
그 두 소녀는 만나기만 하면 싸우지.

> 어휘 사전
> ***quarreling** 다툼, 싸움

15 ☐☐☐
A와 적당히 거리를 두다

keep A at arm's length

She **keeps me at arm's length**.
그녀는 나와 적당히 거리를 두지.

> 어휘 사전
> ***length** 길이

16 ☐☐☐

~와 사이가 멀어지다

grow(=become) apart from
= become estranged from

She **grew(=became) apart from** him.
그녀는 그와 멀어졌어.

어휘 사전
*apart 떨어져, 따로   *estranged 멀어진, 소원해진

17 ☐☐☐

~를 의도적으로 무시하다, 냉담하게 대하다

give someone the cold shoulder

Are you **giving me the cold shoulder**?
너 지금 나를 의도적으로 무시하는 거야?

어휘 사전
*shoulder 어깨

18 ☐☐☐

읽씹하다

leave someone on read

Why did you **leave me on read** yesterday?
너 어제 왜 읽씹했어?

19 ☐☐☐

잠수를 타다

ghost someone
= go off the grid

Are you sure he **ghosted you**?
그가 잠수 탄 거 확실해?

20 ☐☐☐

우정을 깨다

break up(=destroy) friendship

I can never think of **breaking up(=destroying) friendship**.
난 우정을 깬다는 생각을 상상도 할 수 없어.

Day 18

REVIEW TEST 1

 주어진 우리말을 영어로 말해보고, 틀린 표현이 있다면 체크하세요.

- ☐ 우리는 그만큼 친하지는 않아. 우리는 어색한 사이야.
- ☐ ~에게 잘/안 좋게 보이다
- ☐ ~와 서로 안면이 있다
- ☐ ~와 서로 왕래하는 사이다
- ☐ ~와 서로 이야기 하는 사이다
- ☐ 마음이 통한다, 척하면 척이다
- ☐ 대인관계가 원만하다
- ☐ 대인관계에 문제가 있다
- ☐ 티격태격하는 사이
- ☐ ~와 애증의 관계에 있다

- ☐ ~와 사이가 나쁘다
- ☐ 서로 으르렁대며 싸우다
- ☐ ~와 말다툼을 하다
- ☐ 만나기만 하면 싸우다
- ☐ A와 적당히 거리를 두다
- ☐ ~와 사이가 멀어지다
- ☐ ~를 의도적으로 무시하다, 냉담하게 대하다
- ☐ 읽씹하다
- ☐ 잠수를 타다
- ☐ 우정을 깨다

REVIEW TEST 2

 주어진 우리말을 영어로 말해보고, 틀린 표현이 있다면 체크하세요.

- ☐ 우리는 그만큼 친하지는 않아.
- ☐ 그는 그녀에게 잘 보이기 위해 선물을 줬다.
- ☐ 나는 Jack과 안면이 있지.
- ☐ 그녀는 그들과 서로 왕래하는 사이야.
- ☐ 그와 그녀는 서로 이야기하는 사이가 아니야.
- ☐ 그와 그녀는 마음이 통한다.
- ☐ 그녀는 대인관계가 원만한 것 같아.
- ☐ 그는 대인관계에 문제가 있는 것 같아.
- ☐ 그들의 티격태격하는 사이는 결국에는 이혼으로 끝날지 몰라.
- ☐ 그녀는 언니(여동생)와 애증의 관계다.

- ☐ 그는 그의 상사와 사이가 나빠.
- ☐ 그들은 서로 으르렁대며 싸워.
- ☐ 나는 Tom과 말다툼을 했어.
- ☐ 그 두 소녀는 만나기만 하면 싸우지.
- ☐ 그녀는 나와 적당히 거리를 두지.
- ☐ 그녀는 그와 멀어졌어.
- ☐ 너 지금 나를 의도적으로 무시하는 거야?
- ☐ 너 어제 왜 읽씹했어?
- ☐ 그가 잠수 탄 거 확실해?
- ☐ 난 우정을 깬다는 생각을 상상도 할 수 없어.

DAY 19 대인관계

01 ☐☐☐

A를 짜증나게, 불쾌하게 만들다

rub A up the wrong way

He often **rubs me up the wrong way**.
그는 종종 나를 짜증나게 해.

> 어휘 사전
> *rub 문지르다

02 ☐☐☐

~를 괴롭히다, 성가시게 하다

bug someone

What's **bugging you** now?
지금 너를 괴롭히고 있는 게 뭐야?

> 어휘 사전
> *bug 괴롭히다

03 ☐☐☐

~를 놀리다, ~를 비웃다

make fun of

Don't **make fun of** me.
나를 놀리지 마.

04 ☐☐☐

책임을 전가하다

pass the buck
= shift a responsibility to someone

I want you not to **pass the buck**.
난 네가 책임 전가를 하지 않길 원해.

05 ☐☐☐

나 팔지 마.
(내 핑계 대지마.)

Don't use me as an excuse.

> 어휘 사전
> *excuse 변명, 핑계

06 ☐☐☐
~을 피하다

shy away from

They **shy away from** crowded places.
그들은 사람들이 많은 곳을 피한다.

07 ☐☐☐
게으름을 피우다

slack off

We have no time to **slack off**.
우린 게으름 피울 시간이 없어.

08 ☐☐☐
오해하다, 잘못 생각하다

get A's wires(=lines) crossed
= get A wrong

I **got your wires(=lines) crossed**.
= I **got you wrong**.
내가 널 오해했어.

09 ☐☐☐
서로 다른 것에 대해 이야기하다

talk at cross purposes

They didn't know they were **talking at cross purposes**.
그들은 서로가 다른 것에 대해 이야기하고 있었다는 것을 몰랐어.

어휘 사전
*purpose 목적

10 ☐☐☐
내 말은 그게 아니야.

That's not what I'm saying.

11 ☐☐☐

~사이를 이간질하다

make(=stir up=breed) bad blood between
= drive a wedge between

The micromanager **made(=stirred up=bred) bad blood between** him and me.
그 사소한 것까지 챙기는 사람이 그와 나를 이간질했어.

12 ☐☐☐

A가 하지도 않은 말을 한 것처럼 말하다

put words in A's mouth

Why are you **putting words in his words**?
넌 왜 그가 하지도 않은 말을 한 것처럼 말하는 거야?

13 ☐☐☐

A의 뒷담화를 하다

talk behind A's back

You'd better not **talk behind my back**.
너 내 뒷담화 하지 않는 게 좋을 거야.

14 ☐☐☐

A를 왕따 시키다

leave A out in the cold

They **left him out in the cold**.
그들은 그를 왕따시켰어.

15 ☐☐☐

A를 손절하다

cut A off
= cut A out of one's life

I completely **cut Ben off**.
나 Ben을 완전히 손절했어.

16 ☐☐☐
(물건, 주장 등에) 트집을 잡다

pick holes in

He tried to **pick holes in** my theory.
그는 내 이론에 트집을 잡으려 했어.

17 ☐☐☐
~와 화해하다

make up with
= make peace with
= reconcile with

Why don't you **make up with** her?
너 그녀와 화해하는 것이 어때?

18 ☐☐☐
봐주다, 눈감아주다

let it slide
= let someone off the hook
= turn a blind eye (to)

I'll **let it slide** this once.
이번 한 번만 봐줄게.

19 ☐☐☐
더 이상은 못 봐줘.

I've had it.

20 ☐☐☐
~에 원한을 품다

harbor(=nurse=bear) grudge against someone

Why does he **harbor(=nurse=bear) grudge against you**?
그는 왜 너에게 원한을 품는 거야?

어휘 사전
*harbor 품다   *grudge 원한

REVIEW TEST 1

 주어진 우리말을 영어로 말해보고, 틀린 표현이 있다면 체크하세요.

- ☐ A를 짜증나게, 불쾌하게 만들다
- ☐ ~를 괴롭히다, 성가시게 하다
- ☐ ~를 놀리다, ~를 비웃다
- ☐ 책임을 전가하다
- ☐ 나 팔지 마.
  (내 핑계 대지마.)
- ☐ ~을 피하다
- ☐ 게으름을 피우다
- ☐ 오해하다, 잘못 생각하다
- ☐ 서로 다른 것에 대해 이야기하다
  내 말은 그게 아니야.

- ☐ ~사이를 이간질하다
- ☐ A가 하지도 않은 말을 한 것처럼 말하다
- ☐ A의 뒷담화를 하다
- ☐ A를 왕따 시키다
- ☐ A를 손절하다
- ☐ (물건, 주장 등에) 트집을 잡다
- ☐ ~와 화해하다
- ☐ 봐주다, 눈감아주다
- ☐ 더 이상은 못 봐줘.
- ☐ ~에 원한을 품다

REVIEW TEST 2

 주어진 우리말을 영어로 말해보고, 틀린 표현이 있다면 체크하세요.

- ☐ 그는 종종 나를 짜증나게 해.
- ☐ 지금 너를 괴롭히고 있는 게 뭐야?
- ☐ 나를 놀리지 마.
- ☐ 난 네가 책임 전가를 하지 않길 원해.
- ☐ 나 팔지 마.
- ☐ 그들은 사람들이 많은 곳을 피한다.
- ☐ 우린 게으름 피울 시간이 없어.
- ☐ 내가 널 오해했어.
- ☐ 그들은 서로가 다른 것에 대해 이야기하고 있었다는 것을 몰랐어.
- ☐ 내 말은 그게 아니야.
- ☐ 그 사소한 것까지 챙기는 사람이 그와 나를 이간질했어.
- ☐ 넌 왜 그가 하지도 않은 말을 한 것처럼 말하는 거야?
- ☐ 너 내 뒷담화 하지 않는 게 좋을 거야.
- ☐ 그들은 그를 왕따시켰어.
- ☐ 나 Ben을 완전히 손절했어.
- ☐ 그는 내 이론에 트집을 잡으려 했어.
- ☐ 너 그녀와 화해하는 것이 어때?
- ☐ 이번 한 번만 봐줄게.
- ☐ 더 이상은 못 봐줘.
- ☐ 그는 왜 너에게 원한을 품는 거야?

Day 19

DAY 20 대인관계

01 ☐☐☐
은혜를 원수로 갚다

bite the hand that feeds

He won't **bite the hand that feeds** him.
그는 은혜를 원수로 갚지 않을 거야.

02 ☐☐☐
**발톱을 숨기다,
속을 드러내지 않다**

keep one's cards close to one's vest

The man **keeps his cards close to his vest**.
그 남자는 속을 드러내지 않는다.

> 어휘 사전
> ***vest** 조끼

03 ☐☐☐
발톱을 세우다

sharpen one's claws

Never **sharpen your claws**.
절대 발톱 세우지 마.

> 어휘 사전
> ***sharpen** 날카롭게 하다   ***claw** 발톱

04 ☐☐☐
좋을 때만 친구인 사람

fair-weather friend

How many **fair-weather friends** do you have?
너는 좋을 때만 친구인 사람이 몇 명이나 있어?

05 ☐☐☐
부당한 대우를 받다

get a raw deal
= get unfair treatment

I **got a raw deal** from them.
나는 그들에게 부당한 대우를 받았어.

06 ☐☐☐

발이 넓다, 마당발이다

get around
= have a wide acquaintance

My son **gets around**.
내 아들은 발이 넓다.

07 ☐☐☐

**인싸,
사교성이 좋은 사람**

social butterfly
= queen bee
= people person

She is **a social butterfly**.
그녀는 인싸이다.

08 ☐☐☐

아싸

social misfit
= wallflower

I was **a social misfit** at college.
나는 대학 다닐 때 아싸였어.

> 어휘 사전
> *social 사회의   *misfit 부적응자

09 ☐☐☐

남들과 어울리지 않다

keep to oneself

Tom **keeps to himself**.
Tom은 남들과 어울리지 않는다.

10 ☐☐☐

관종

attention seeker
= attention whore

He is **an attention seeker**.
그는 관종이다.

Day 20 **139**

11 ☐☐☐

높은(중요한) 자리에 있는 친구들이 있다

have friends in high places

She **has friends in high places**.

그녀의 친구들 중에는 높은 자리에 있는 사람들이 있다.

12 ☐☐☐

인맥을 동원하다, 빽을 쓰다

pull a few strings

I don't like to **pull a few strings**.

난 인맥을 동원하고 싶지 않아.

13 ☐☐☐

~에게 아첨하다, 비위를 맞추다

suck up to
= kiss up to
= butter up
= belly up to

They **suck up to** rich people.

그들은 부자들에게 아첨을 하지.

14 ☐☐☐

엄마/아빠 같은 분

mother/father figure

The head coach is **the father figure** of the team.

그 감독님은 그 팀의 아빠 같은 분이셔.

> 어휘 사전
> *figure 인물

15 ☐☐☐

선을 넘다

cross the line

I don't want you to **cross the line**.

나는 네가 선 넘는 것을 원치 않아.

16 □□□
비슷한 사람들과 교류하다

move in the same circles

Most people **move in the same circles**.
대부분의 사람들은 비슷한 사람들과 교류한다.

17 □□□
A가 시키는 대로 다 하다

be at A's beck and call
= eat out of A's hand

He **is at her beck and call**.
그는 그녀가 시키는 대로 다 해.

18 □□□
주도하다

wear the trousers(=pants)

Who **wears the trousers(=pants)** here?
여기서는 누가 대장이야?

19 □□□
~를 우연히 마주치다

run into
= bump into
= come across

He hoped he would never **run into her**.
그는 그가 우연히 그녀를 만나지 않기를 바랬다.

어휘 사전
*bump 부딪치다

20 □□□
사소한 일까지 간섭하기를 좋아하는 사람

mIcromanager

I don't like **the micromanager**.
나는 사소한 일까지 간섭하는 사람 싫어 해.

REVIEW TEST 1

 주어진 우리말을 영어로 말해보고, 틀린 표현이 있다면 체크하세요.

☐ 은혜를 원수로 갚다

☐ 발톱을 숨기다, 속을 드러내지 않다

☐ 발톱을 세우다

☐ 좋을 때만 친구인 사람

☐ 부당한 대우를 받다

☐ 발이 넓다, 마당발이다

☐ 인싸, 사교성이 좋은 사람

☐ 아싸

☐ 남들과 어울리지 않다

☐ 관종

☐ 높은(중요한) 자리에 있는 친구들이 있다

☐ 인맥을 동원하다, 빽을 쓰다

☐ ~에게 아첨하다, 비위를 맞추다

☐ 엄마/아빠 같은 분

☐ 선을 넘다

☐ 비슷한 사람들과 교류하다

☐ A가 시키는 대로 다 하다

☐ 주도하다

☐ ~를 우연히 마주치다

☐ 사소한 일까지 간섭하기를 좋아하는 사람

REVIEW TEST 2

 주어진 우리말을 영어로 말해보고, 틀린 표현이 있다면 체크하세요.

- ☐ 그는 은혜를 원수로 갚지 않을 거야.
- ☐ 그 남자는 속을 드러내지 않는다.
- ☐ 절대 발톱 세우지 마.
- ☐ 너는 좋을 때만 친구인 사람이 몇 명이나 있어?
- ☐ 나는 그들에게 부당한 대우를 받았어.
- ☐ 내 아들은 발이 넓다.
- ☐ 그녀는 인싸이다.
- ☐ 나는 대학 다닐 때 아싸였어.
- ☐ Tom은 남들과 어울리지 않는다.
- ☐ 그는 관종이다.

- ☐ 그녀의 친구들 중에는 높은 자리에 있는 사람들이 있다.
- ☐ 난 인맥을 동원하고 싶지 않아.
- ☐ 그들은 부자들에게 아첨을 하지.
- ☐ 그 감독님은 그 팀의 아빠 같은 분이셔.
- ☐ 나는 네가 선 넘는 것을 원치 않아.
- ☐ 대부분의 사람들은 비슷한 사람들과 교류한다.
- ☐ 그는 그녀가 시키는 대로 다 해.
- ☐ 여기서는 누가 대장이야?
- ☐ 그는 그가 우연히 그녀를 만나지 않기를 바랬다.
- ☐ 나는 사소한 일까지 간섭하는 사람 싫어 해.

Day 20

BONUS STAGE

✓ 관련 어휘 및 표현

- ☐ 잠시도 가만있지 못하고 바쁘게 움직이는 사람   busy bee
- ☐ 인기 있는 사람   golden boy
- ☐ 파티 등에서 제일 재미있고 중심이 되는 사람   the life and soul of the party
- ☐ 정도 없고 차가운 사람   cold fish
- ☐ 파티를 망치는 사람   party pooper
- ☐ 파티광   party animal = party-goer
- ☐ 다른 사람의 사생활에 관심이 지대한 사람   busybody
- ☐ 입이 싸서 비밀을 지키지 못하는 사람   big mouth
- ☐ 일이나 책임을 피하려는 사람   skiver
- ☐ 멍청이, 어리석은 사람   dipstick
- ☐ 기이한 사람   crank = weirdo = oddball
- ☐ 적극적이고 열정적인 사람   go-getter
- ☐ 똑똑한 사람   bright spark
- ☐ 다른 사람들과 어울리기를 싫어하고 혼자 있기를 선호하는 사람   lone wolf(=bird)
- ☐ 고집이 센 사람   pig-headed person

☐ 다른 사람들을 노예처럼 부리는 사람	slave driver
☐ 현재 진행되는 일에 관심이 없고 시간만 지나가기를 바라는 사람	clock-watcher
☐ 겉보기에는 불친절하고 무식해 보이지만 인격적으로 훌륭한 사람	rough diamond
☐ 현실적이고 견실한 사람	down-to-earth man
☐ 한 군데 오래 있지 못하는 사람	rolling stone
☐ 모범생, 범생이	goody-goody = goody two shoes
☐ 선천적인 낙관주의자	born optimist
☐ 팔방미인	jack-of-all-trades
☐ 언변이 뛰어난 사람	fast talker
☐ 남의 일에 지나치게 관심을 갖고 참견하는 사람	nosy parker
☐ 돕지는 않고 앉아서 비평만 하는 사람	armchair critic
☐ 양의 탈을 쓴 늑대	wolf in sheep's clothing
☐ 자유로운 영혼의 소유자	free spirit
☐ 문화광	culture vulture
☐ 신동	whizz kid
☐ 깍쟁이, 구두쇠	penny pincher
☐ 모성애가 많은 여자	earth mother
☐ 늦깎이, 대기만성형의 사람	late bloomer
☐ 만사를 자기 뜻대로 하려는 사람	control freak

PART 5

날씨, 기후

DAY 21 날씨, 기후

01 ☐☐☐
햇빛을 쬐다,
살을 태우다

catch some rays

Look at the cats **catching some rays**.
햇빛을 쬐고 있는 고양이들을 봐.

02 ☐☐☐
햇빛을 즐기다

soak up the sun

Look at the Russians **soaking up the sun**.
햇빛을 즐기고 있는 러시아인들을 봐.

> 어휘 사전
> *soak up 빨아들이다, 흡수하다

03 ☐☐☐
복날, 가장 더운 여름날

the dog days of summer

Even in **the dog days of summer**, he doesn't sweat a lot.
가장 더운 날에 조차도, 그는 땀을 많이 흘리지 않아.

04 ☐☐☐
날이 후덥지근하다.

It's muggy.
= It's sticky(=sultry).
= It's hot and humid.

05 ☐☐☐
날이 너무나 덥다.

It's a scorcher outside.
= It's blazing(=baking=boiling) hot outside.
= It's sweltering(=searing) outside.
= It's like an oven outside.

06 ☐☐☐

너무 더워서 땀이
비 오듯이 흐르다.

I am melting.
= **I am sweating bullets.**
= **I am sweating like a pig.**
= **I am roasting.**

07 ☐☐☐

너무 더워서
숨을 못 쉬겠다.

It's stifling.

> 어휘 사전
> *stifling 숨이 막히는

08 ☐☐☐

더위를 먹다

be affected by the heat
= **be exhausted from the heat**
= **be overheated**
= **The heat gets to someone.**

I **was affected by the heat**.
나 더위 먹었어.

> 어휘 사전
> *affected 영향을 받은   *exhausted 기진맥진한

09 ☐☐☐

폭염 때문에
잠을 못 자다

have trouble sleeping in a heatwave

I **have trouble sleeping in a heatwave**.
나는 폭염 때문에 잠을 못 잔다.

> 어휘 사전
> *heatwave 폭염

10 ☐☐☐

이열치열

fight fire with fire

It's time to **fight fire with fire**.
이열치열로 가야 할 때야.

11 ☐☐☐

갑갑하다, 답답하다.

It's stuffy.

It's very **stuffy** in here.
여기 유난히 갑갑하네요.

어휘 사전
*stuffy (환기가 안되서) 갑갑한

12 ☐☐☐

날이 상쾌하다.

It's crisp.

어휘 사전
*crisp 상쾌한, 바삭바삭한

13 ☐☐☐

날씨가 화창하다.

It's sunny.

14 ☐☐☐

오늘은 구름 한 점 없는 날이다.

There isn't a(=single) cloud in the the sky today.

15 ☐☐☐

하늘에 무지개가 떠있다.

A rainbow spans(=hangs in) the sky.

어휘 사전
*rainbow 무지개 *span 가로지르다 *hang 매달리다

16 ☐☐☐
비가 심하게 내리기 전에

before the heavens open

We need to go back home **before the heavens open**.

우리는 비가 심하게 내리기 전에 집으로 돌아갈 필요가 있어.

> 어휘 사전
> *heaven 천국

17 ☐☐☐
~에 빗방울을 맞다

feel a drop of rain on

I just **felt a drop of rain on** my head.

나 방금 머리에 빗방울 맞았어.

18 ☐☐☐
하늘이 먹구름으로 잔뜩 흐리다.

The sky's overcast with dark clouds.

19 ☐☐☐
날씨가 흐리고 가끔 소나기가 오다.

It's cloudy with occasional showers.

20 ☐☐☐
소나기가 내리고 있다.

It's showering.

REVIEW TEST 1

 주어진 우리말을 영어로 말해보고, 틀린 표현이 있다면 체크하세요.

☐ 햇빛을 쬐다, 살을 태우다

☐ 햇빛을 즐기다

☐ 복날, 가장 더운 여름날

☐ 날이 후덥지근하다.

☐ 날이 너무나 덥다.

☐ 너무 더워서 땀이 비 오듯이 흐르다.

☐ 너무 더워서 숨을 못 쉬겠다.

☐ 더위를 먹다

☐ 폭염 때문에 잠을 못 자다

☐ 이열치열

☐ 갑갑하다, 답답하다.

☐ 날이 상쾌하다.

☐ 날씨가 화창하다

☐ 오늘은 구름 한 점 없는 날이다.

☐ 하늘에 무지개가 떠있다.

☐ 비가 심하게 내리기 전에

☐ ~에 빗방울을 맞다

☐ 하늘이 먹구름으로 잔뜩 흐리다.

☐ 날씨가 흐리고 가끔 소나기가 오다.

☐ 소나기가 내리고 있다.

REVIEW TEST 2

 주어진 우리말을 영어로 말해보고, 틀린 표현이 있다면 체크하세요.

- ☐ 햇빛을 쬐고 있는 고양이들을 봐.
- ☐ 햇빛을 즐기고 있는 러시아인들을 봐.
- ☐ 가장 더운 날에 조차도, 그는 땀을 많이 흘리지 않아.
- ☐ 날이 후덥지근하다.
- ☐ 날이 너무나 덥다.
- ☐ 너무 더워서 땀이 비 오듯이 흐르다.
- ☐ 너무 더워서 숨을 못 쉬겠다.
- ☐ 나 더위 먹었어.
- ☐ 나는 폭염 때문에 잠을 못 잔다.
- ☐ 이열치열로 가야 할 때야.

- ☐ 여기 유난히 갑갑하네요.
- ☐ 날이 상쾌하다.
- ☐ 날씨가 화창하다.
- ☐ 오늘은 구름 한 점 없는 날이다.
- ☐ 하늘에 무지개가 떠있다.
- ☐ 우리는 비가 심하게 내리기 전에 집으로 돌아갈 필요가 있어.
- ☐ 나 방금 머리에 빗방울 맞았어.
- ☐ 하늘이 먹구름으로 잔뜩 흐리다.
- ☐ 날씨가 흐리고 가끔 소나기가 오다.
- ☐ 소나기가 내리고 있다.

DAY 22 — 날씨, 기후

01 ☐☐☐
억수로 비가 내리다.

It rains cats and dogs.
= It rains like a downpour.
= Rain is coming down bucketful.

02 ☐☐☐
비를 다 맞다

get caught in the rain

I **got caught in the rain**.
나 비 다 맞았어.

03 ☐☐☐
흠뻑 젖다

get soaking wet

We **got soaking wet**.
우리는 흠뻑 젖었다.

04 ☐☐☐
A가 다 젖었다.

One's A got all wet.

My socks **got all wet**.
내 양말 다 젖었네.

05 ☐☐☐
집중호우

local downpour

A severe **local downpour** can cause flash flood.
심한 집중호우는 갑작스런 홍수를 일으킬 수 있다.

> 어휘 사전
> *local 지역의   *downpour 폭우

06 ☐☐☐
2일 연속으로 비가 오다.

It's been raining for two days straight.

07 ☐☐☐
이슬(가랑)비가 내리고 있다.

It's drizzling(=sprinkling).

08 ☐☐☐
천둥번개가 치다.

It lightens and thunders.

09 ☐☐☐
우산을 펴다/접다

open(=unfold=put up)/shut(=close=fold=roll up) an umbrella

Why don't you **open(=unfold=put up)/shut(=close=roll up) the umbrella**?
우산을 펴지/접지 그래?

10 ☐☐☐
양산을 쓰다

put(=hold) up a parasol

My daughter likes to **put(=hold) up a parasol** when she goes out.
내 딸은 외출 할 때 양산 쓰는 것을 좋아해.

어휘 사전
*parasol 양산

11 ☐☐☐
비가 오다 말다 하다

rain on and off

It's **raining on and off** here.
여기는 비가 오다 말다 합니다.

> 어휘 사전
> ***on and off** 불규칙하게

12 ☐☐☐
비가 그치다

the rain lets up

We are expecting **the rain will** soon **let up**.
우리는 비가 곧 그치기를 기대하고 있어.

13 ☐☐☐
갑작스런 홍수

flash flood

The wooden bridge was carried away by **flash flood**.
갑작스런 홍수로 나무다리가 떠내려갔어.

14 ☐☐☐
일기예보에서 비/눈이 온대.

It's forecast to rain/snow.

> 어휘 사전
> ***forecast** 예측, 예측하다

15 ☐☐☐
우산을 챙기다

take one's umbrella

Take your umbrella just in case.
혹시 모르니 우산 챙겨 가.

16 ☐☐☐

눈 때문에 밖에 못나가고 실내에 갇히다

be snowed in
= be snowbound

Yesterday, we **were snowed in** all day.
어제 우리는 눈 때문에 밖에 못나가고 실내에 갇혔었어.

17 ☐☐☐

함박눈이 내리고 있다.

It's snowing in large flakes.

> 어휘 사전
> *flake 조각

18 ☐☐☐

눈보라가 (거세게) 치다

have a (heavy) snowstorm

Last night, we **had a (heavy) snowstorm**.
어제 밤 눈보라가 쳤지.

> 어휘 사전
> *snowstorm 눈보라

19 ☐☐☐

서리가 내리다.

Frost falls(=forms).

> 어휘 사전
> *frost 서리   *fall 떨어지다   *form 형성되다

20 ☐☐☐

엄동설한에

in the dead of winter

The little girl was selling matches on the street **in the dead of winter**.
그 어린 소녀는 엄동설한에 거리에서 성냥을 팔고 있었어.

REVIEW TEST 1

 주어진 우리말을 영어로 말해보고, 틀린 표현이 있다면 체크하세요.

☐ 억수로 비가 내리다.

☐ 비를 다 맞다

☐ 흠뻑 젖다

☐ A가 다 젖었다.

☐ 집중호우

☐ 2일 연속으로 비가 오다.

☐ 이슬(가랑)비가 내리고 있다.

☐ 천둥번개가 치다.

☐ 우산을 펴다/접다

☐ 양산을 쓰다

☐ 비가 오다 말다 하다

☐ 비가 그치다

☐ 갑작스런 홍수

☐ 일기예보에서 비/눈이 온대.

☐ 우산을 챙기다

☐ 눈 때문에 밖에 못나가고 실내에 갇히다

☐ 함박눈이 내리고 있다.

☐ 눈보라가 (거세게) 치다

☐ 서리가 내리다.

☐ 엄동설한에

REVIEW TEST 2

주어진 우리말을 영어로 말해보고, 틀린 표현이 있다면 체크하세요.

- ☐ 억수로 비가 내리다.
- ☐ 나 비 다 맞았어.
- ☐ 우리는 흠뻑 젖었다.
- ☐ 내 양말 다 젖었네.
- ☐ 심한 집중호우는 갑작스런 홍수를 일으킬 수 있다.
- ☐ 2일 연속으로 비가 오다.
- ☐ 이슬(가랑)비가 내리고 있다.
- ☐ 천둥번개가 치다.
- ☐ 우산을 펴지/접지 그래?
- ☐ 내 딸은 외출 할 때 양산 쓰는 것을 좋아해.
- ☐ 여기는 비가 오다 말다 합니다.
- ☐ 우리는 비가 곧 그치기를 기대하고 있어.
- ☐ 갑작스런 홍수로 나무다리가 떠내려갔어.
- ☐ 일기예보에서 비/눈이 온대.
- ☐ 혹시 모르니 우산 챙겨 가.
- ☐ 어제 우리는 눈 때문에 밖에 못나가고 실내에 갇혔었어.
- ☐ 함박눈이 내리고 있다.
- ☐ 어제 밤 눈보라가 쳤지.
- ☐ 서리가 내리다.
- ☐ 그 어린 소녀는 엄동설한에 거리에서 성냥을 팔고 있었어.

DAY 23 날씨, 기후

01 ☐☐☐

살을 에는 듯이 춥다.

There is a nip in the air.
= It's biting cold.

> 어휘 사전
> *nip 추위   *biting 살을 에는듯한

02 ☐☐☐

엄청나게 춥다.

It's freezing(=piercing) cold.
= It's cold as hell.
= It's Arctic outside.
= It's like the dead of winter out there.

03 ☐☐☐

추워서 손가락에 감각이 없다.

One's fingers are numb with cold.

My fingers are numb with cold.
추워서 손가락에 감각이 없네.

> 어휘 사전
> *numb 감각이 없는

04 ☐☐☐

날이 쌀쌀하다.

It's chilly(=nippy).

05 ☐☐☐

공기가 꽤 쌀쌀하다.

It's (quite a) chill today.

06 ☐☐☐

추위를 잘 타다

be not a winter person
= can't stand a cold
= get cold easily

I'm not a winter person.
나는 추위를 잘 타는 편이다.

어휘 사전
*stand 참다, 견디다

07 ☐☐☐

너 그렇게 입고 나가면 얼어 죽어.

You look like you're gonna freeze in that.

08 ☐☐☐

옷 좀 껴입고 다녀.

Dress warm.
= Wear layers.

어휘 사전
*layer 막, 층

09 ☐☐☐

옷을 따뜻하게 입다

bundle up

It's freezing cold outside.
Don't forget to **bundle up**.
바깥 날씨가 엄청 추워.
잊지 말고 옷 따뜻하게 입어.

어휘 사전
*bundle 꾸러미, 묶음

10 ☐☐☐

온도가 영하로 내려가다

go down below freezing

It's supposed to **go down below freezing** today.
오늘은 영하로 떨어질 겁니다.

11 ☐☐☐

몸을 녹이다

warm oneself up
= get warm

Why don't you **warm yourself up** by the fire?
불에 몸 좀 녹이는 게 어때?

12 ☐☐☐

바람이 세지고 있다.

The wind is rising.

어휘 사전
*rise 오르다, 올라가다, 일어나다

13 ☐☐☐

산들바람이 불고 있다.

Gentle(=Light) breeze is blowing.

어휘 사전
*gentle 온화한 *light 가벼운
*breeze 산들바람 *blow 불다

14 ☐☐☐

무슨 일이 있다 해도,
날씨에 상관없이

come rain or shine

I will be with you to the nub, **come rain or shine**.
무슨 일이 있다 해도, 난 너와 끝까지 함께 할 거야.

어휘 사전
*nub 요지, 핵심

15 ☐☐☐

폭풍 전의 고요함

the calm before the storm

It seems like **the calm before the storm**.
폭풍 전의 고요함 같아.

어휘 사전
*calm 침착한, 평온 *storm 폭풍

16 ☐☐☐
안개가 끼다.

It's foggy.

17 ☐☐☐
안개가 짙게 끼다.

The fog is very thick.
= It's thickly foggy.

> 어휘 사전
> *thick 두꺼운, 굵은, 짙은, 걸쭉한

18 ☐☐☐
안개가 곧 걷힐 것이다.

The fog will soon lift.

> 어휘 사전
> *lift 들어올리다, 걷히다, 풀다

19 ☐☐☐
너는 더운 날이 더 좋아 아니면 추운 날이 더 좋아?

Are you a hot weather person or a cold weather person?

20 ☐☐☐
가을을 타다

get sentimental in the fall
= get the autumn blues

I **get sentimental in the fall**.
난 가을을 탄다.

> 어휘 사전
> *sentimental 정서적인, 감정적인   *blues 우울

Day 23

REVIEW TEST 1

 주어진 우리말을 영어로 말해보고, 틀린 표현이 있다면 체크하세요.

- ☐ 살을 에는 듯이 춥다.
- ☐ 엄청나게 춥다.
- ☐ 추워서 손가락에 감각이 없다.
- ☐ 날이 쌀쌀하다.
- ☐ 공기가 꽤 쌀쌀하다.
- ☐ 추위를 잘 타다
- ☐ 너 그렇게 입고 나가면 얼어 죽어.
- ☐ 옷 좀 껴입고 다녀.
- ☐ 옷을 따뜻하게 입다
- ☐ 온도가 영하로 내려가다

- ☐ 몸을 녹이다
- ☐ 바람이 세지고 있다.
- ☐ 산들바람이 불고 있다.
- ☐ 무슨 일이 있다 해도, 날씨에 상관없이
- ☐ 폭풍 전의 고요함
- ☐ 안개가 끼다.
- ☐ 안개가 짙게 끼다.
- ☐ 안개가 곧 걷힐 것이다.
- ☐ 너는 더운 날이 더 좋아 아니면 추운 날이 더 좋아?
- ☐ 가을을 타다

REVIEW TEST 2

 주어진 우리말을 영어로 말해보고, 틀린 표현이 있다면 체크하세요.

- ☐ 살을 에는 듯이 춥다.
- ☐ 엄청나게 춥다.
- ☐ 추워서 손가락에 감각이 없네.
- ☐ 날이 쌀쌀하다.
- ☐ 공기가 꽤 쌀쌀하다.
- ☐ 나는 추위를 잘 타는 편이다.
- ☐ 너 그렇게 입고 나가면 얼어 죽어.
- ☐ 옷 좀 껴입고 다녀.
- ☐ 잊지 말고 옷 따뜻하게 입어.
- ☐ 오늘은 영하로 떨어질 겁니다.

- ☐ 불에 몸 좀 녹이는 게 어때?
- ☐ 바람이 세지고 있다.
- ☐ 산들바람이 불고 있다.
- ☐ 무슨 일이 있다 해도, 난 너와 끝까지 함께 할 거야.
- ☐ 폭풍 전의 고요함 같아.
- ☐ 안개가 끼다.
- ☐ 안개가 짙게 끼다.
- ☐ 안개가 곧 걷힐 것이다.
- ☐ 너는 더운 날이 더 좋아 아니면 추운 날이 더 좋아?
- ☐ 난 가을을 탄다.

BONUS STAGE

✓ 관련 어휘를 활용한 표현

- [ ] 일기예보에 의하면 — according to the weather forecast
- [ ] 할 수 있는 모든 것을 다 하다 — try everything under the sun
- [ ] 기회를 놓치지 말라, 쇠뿔도 단김에 빼다 — make hay while the sun shines
- [ ] 안 좋은 일들이 겹쳐서 일어나기 마련이다 — It never rains but it pours.
- [ ] ~의 일을 망치다, 재를 뿌리다 — rain on one's parade
- [ ] 몽상에 빠지다, 허황된 꿈을 좇다 — chase (after) rainbows
- [ ] ~을 연기하다, 미루다 — take a raincheck on
- [ ] 건강한, 괜찮은 — be (as) right as rain
- [ ] 어려울 때를 대비해 저축하다 — save up for a rainy day
- [ ] 일어날 가능성이 희박한 일을 바라다 — wait for a raindrop in the drought
- [ ] 몹시 화가 나 있다 — have a face like thunder
- [ ] ~의 (생각, 아이디어)를 가로채다 — steal one's thunder
- [ ] 청천벽력, 마른하늘의 날벼락 — bolt from the blue
- [ ] 다시 또 안 좋은 일이 일어나지는 않을 거야. — Lightening never strikes the same place twice.
- [ ] 대단한 일을 해내다 — catch lightening in a bottle

☐ (특히 많은 일에) 파묻히다	be snowed under with
☐ 머리가 하얗게 샌 남자	man with snow on the roof
☐ 눈덩이처럼 커져서 ~되다	snowball into
☐ ~를 사탕발림(감언이설)으로 속이다	do a snow job on
☐ 차 잔 속의 태풍, 작은 파란	storm in a teacup
☐ 난국을 돌파하다, 폭풍우를 견뎌내다	weather(=ride) the storm
☐ (한꺼번에 여러 가지 안 좋은 일이 겹쳐) 더할 수 없이 나쁜 상황	perfect storm
☐ 대소동을 일으키다, 한꺼번에 많은 음식을 하다	cook up a storm
☐ 티격태격하는 사이(관계)	stormy relationship
☐ 사소한 일로 소동을 벌이다	make a tempest in a teapot
☐ ~에 대한 풍문을 듣다	get wind of
☐ 큰마음 먹고 하다, 대담한 행동을 취하다	throw caution to the wind
☐ 빨리 움직이다(달리다)	run like the wind
☐ 상황을(분위기를) 파악하다	know which way the wind blows
☐ 귀추를 지켜보다	see which way the wind blows
☐ 식은 죽 먹기다	be a breeze
☐ 혹평을 받다	get a frosty reception
☐ ~에게 영향을 주지 못하다	cut no ice with
☐ 어색한 분위기를 깨다	break the ice
☐ 지금 ~을 (해결/논의하지 않고) 미루다	put something on ice for now

PART 6

건강, 질병, 통증

DAY 24 건강, 질병, 통증

01 ☐☐☐
건강하다

be in good shape
= be in the best of health
= be in the pink of health

My mother **is in good shape**.
우리 엄마는 건강하셔.

02 ☐☐☐
매우 건강한 사람

image of health

He is **an image of health**.
그는 매우 건강한 사람이다.

03 ☐☐☐
건강해보이다

look the picture of health

Marie **looked the picture of health**.
Marie는 건강해 보였어.

04 ☐☐☐
상태가 조금씩
나아지다

be over the worst

Now, she **is over the worst**.
이제 그녀는 상태가 조금씩 나아지고 있어.

05 ☐☐☐
다시 건강해지다

be(=get) back on one's feet
= be on the mend
= be on the road to recovery

I am pleased to hear you **are(=get) back on your feet**.
나는 네가 다시 건강해진다고 들으니 기뻐.

06 ☐☐☐
침상(병상)에서 (다시) 일어나 걸어 다닐 수 있게 되다, (환자가) 좋아지다

be up and about
Now, she **is up and about** after the surgery.
이제 그녀는 수술 후에 다시 일어나 걸어 다닐 수 있게 되었어.

07 ☐☐☐
원기왕성하다

be alive and kicking
Her grandmother **is** still **alive and kicking**.
그녀의 할머니는 아직 원기 왕성하셔.

08 ☐☐☐
(심한 병, 수술 뒤에) 회복하다

pull through
She is **pulling through** after the surgery.
그녀는 수술 후 회복 중이야.

09 ☐☐☐
~를 간병하여 회복시키다

nurse someone back to health
Julia has **nursed him back to health**.
Julia는 그를 간병하여 회복시켰어.

10 ☐☐☐
몸살기가 있다

have a body ache
I **have a body ahce**.
나 몸살기가 있어.

> **어휘 사전**
> *ache 아픔, 아프다

11 ☐☐☐
많이 아프다

be as sick as a dog
His wife **is as sick as a dog**.
그의 아내는 많이 아파.

12 ☐☐☐
다 죽어가는 것처럼 보이다

look like death warmed up
You **look like death warmed up**.
너 다 죽어가는 것처럼 보여.

13 ☐☐☐
몸이 좋지 않다

be in bad shape
= be out of shape
= feel off-color
= feel a little off
= feel under the weather
I **am in bad shape**.
나는 몸이 좋지 않아.

14 ☐☐☐
상태가 더 나빠지다

take a turn for the worse
Sadly, he is **taking a turn for the worse** after the surgery.
슬프게도, 그는 수술 후에 상태가 더 나빠지고 있어.

15 ☐☐☐
갑자기 몸이 안 좋다, 아프다

fall ill
When did you feel you **fell ill**?
너는 언제 갑자기 몸이 안 좋다고 느꼈어?

> 어휘 사전
> *ill 아픈

16 ☐☐☐
얼굴에 핏기가 없는, 창백한

be as pale(=white) as a ghost(=sheet)

The patient **is as pale(=white) as a ghost(=sheet)**.
그 환자는 얼굴에 핏기가 없어.

> 어휘 사전
> *pale 창백한   *ghost 유령   *sheet 얇은 천

17 ☐☐☐
안색이 안 좋아 보이다

look green around the gills

You **look green around the gills**.
너 안색이 안 좋아 보여.

> 어휘 사전
> *gill 아가미

18 ☐☐☐
(질병, 상처 등이) 갑자기 재발하다, 심해지다

flare up

Is there a possibility for my hives to **flare up**?
제 두드러기가 재발할 가능성이 있을까요?

> 어휘 사전
> *flare 확 타오르다

19 ☐☐☐
~의 수명이 거의 다 되다, ~가 다 죽어가다

be on one's last legs

The old man **is on his last legs**.
그 노인은 수명이 거의 다 되었다.

20 ☐☐☐
아프고 나서야 건강의 중요함을 안다.

Health is not valued until sickness comes.

REVIEW TEST 1

 주어진 우리말을 영어로 말해보고, 틀린 표현이 있다면 체크하세요.

- ☐ 건강하다
- ☐ 매우 건강한 사람
- ☐ 건강해보이다
- ☐ 상태가 조금씩 나아지다
- ☐ 다시 건강해지다
- ☐ 침상(병상)에서 (다시) 일어나 걸어 다닐 수 있게 되다, (환자가) 좋아지다
- ☐ 원기왕성하다
- ☐ (심한 병, 수술 뒤에) 회복하다
- ☐ ~를 간병하여 회복시키다
- ☐ 몸살기가 있다

- ☐ 많이 아프다
- ☐ 다 죽어가는 것처럼 보이다
- ☐ 몸이 좋지 않다
- ☐ 상태가 더 나빠지다
- ☐ 갑자기 몸이 안 좋다, 아프다
- ☐ 얼굴에 핏기가 없는, 창백한
- ☐ 안색이 안 좋아 보이다
- ☐ (질병, 상처 등이) 갑자기 재발하다, 심해지다
- ☐ ~의 수명이 거의 다 되다, ~가 다 죽어가다
- ☐ 아프고 나서야 건강의 중요함을 안다.

REVIEW TEST 2

 주어진 우리말을 영어로 말해보고, 틀린 표현이 있다면 체크하세요.

- ☐ 우리 엄마는 건강하셔.
- ☐ 그는 매우 건강한 사람이다.
- ☐ Marie는 건강해 보였어.
- ☐ 이제 그녀는 상태가 조금씩 나아지고 있어.
- ☐ 나는 네가 다시 건강해진다고 들으니 기뻐.
- ☐ 이제 그녀는 수술 후에 다시 일어나 걸어 다닐 수 있게 되었어.
- ☐ 그녀의 할머니는 아직 원기 왕성하셔.
- ☐ 그녀는 수술 후 회복 중이야.
- ☐ Julia는 그를 간병하여 회복시켰어.
- ☐ 나 몸살기가 있어.

- ☐ 그의 아내는 많이 아파.
- ☐ 너 다 죽어가는 것처럼 보여.
- ☐ 나는 몸이 좋지 않아.
- ☐ 슬프게도, 그는 수술 후에 상태가 더 나빠지고 있어.
- ☐ 너는 언제 갑자기 몸이 안 좋다고 느꼈어?
- ☐ 그 환자는 얼굴에 핏기가 없어.
- ☐ 너 안색이 안 좋아 보여.
- ☐ 제 두드러기가 재발할 가능성이 있을까요?
- ☐ 그 노인은 수명이 거의 다 되었다.
- ☐ 아프고 나서야 건강의 중요함을 안다.

DAY 25 건강, 질병, 통증

01 ☐☐☐
물리치료를 받다

get(=do) physical therapy
The soccer player **got physical therapy** after the match.
경기 후에 그 축구 선수는 물리치료를 받았다.

02 ☐☐☐
트다

get chapped
In winter, my lips easily **get chapped**.
겨울에 나는 입술이 쉽게 터.

03 ☐☐☐
피곤하여 파김치가 되다

feel rundown
When I come back home from work, I **feel rundown**.
나는 직장에서 퇴근 해 집에 오면, 피곤해서 파김치가 돼.

04 ☐☐☐
혓바늘이 돋다

get a canker sore
= get fur on the tongue
I **got a canker sore**(=**fur on the tongue**).
나 혓바늘이 돋았어.

> 어휘 사전
> *canker sore 구강염   *fur 털, 모피   *tongue 혀

05 ☐☐☐
혀에 백태가 생기다

One's tongue has become furred
My tongue has become furred.
나 혀에 백태가 생겼어.

06 □□□
입안이 헐다

get a cold sore in one's mouth

I got a cold sore in my mouth.
나 입안이 헐었어.

> 어휘 사전
> *cold sore 입술의 발진

07 □□□
하품하다가 턱이 빠졌다

One's jaw was dislocated while yawning

Her jaw was dislocated while yawning.
그녀는 하품하다가 턱이 빠졌다.

08 □□□
충치가 생기다

have(=get) a cavity
= have(=get) a decayed tooth
= have(=get) a tooth decay

I had a cavity.
나 충치가 생겼어.

> 어휘 사전
> *cavity 충치   *decay 부패, 부패하다

09 □□□
이명현상

ringing in the ears

Have you experienced ringing in your ears?
당신은 이명현상을 경험해본 적이 있나요?

> 어휘 사전
> *ring 울리다

10 □□□
귀가 멍멍하다

One's ears ring

My ears ring.
나 귀가 멍멍해.

11 ☐☐☐
눈곱이 끼다

have sleep in one's eyes
= one's eyes are gummy(=mattery)

I **have sleep in my eyes** every morning.
난 매일 아침에 눈에 눈곱이 껴.

12 ☐☐☐
눈곱이 많이 끼다

get a lot of gunk in one's eyes

I **get a lot of gunk in my eyes**.
난 눈에 눈곱이 많이 껴.

> 어휘 사전
> ***gunk** 끈적끈적한 것

13 ☐☐☐
눈곱을 떼다

take the sleep out of one's eyes

Why not **take the sleep out of your eyes**?
너 눈곱을 떼지 그래?

14 ☐☐☐
눈이 멍들다

get a black eye

When, where, and why did you **get a black eye**?
넌 언제 어디서 왜 눈이 멍든 거야?

15 ☐☐☐
눈이 붓다

have puffy(=swollen) eyes

I'm afraid I **have puffy(=swollen) eyes**.
나 눈이 부어서 걱정이야.

> 어휘 사전
> ***puffy** 부어 있는   ***swollen** 부어오른

16 ☐☐☐

(피로로) 눈이 충혈 되다

have bloodshot eyes (from fatigue)

I **have bloodshot eyes from fatigue**.
나는 피곤해서 눈이 충혈 되었어.

> 어휘 사전
> *bloodshot 충혈된   *fatigue 피로

17 ☐☐☐

다래끼가 나다

have a sty

I **have a sty** in my right eye.
나 오른쪽 눈에 다래끼가 났어.

> 어휘 사전
> *sty 다래끼

18 ☐☐☐

눈이 침침하다

have dim sight
= One's vision is blurry

My grandmother **has dim sight**.
우리 할머니는 눈이 침침하시다.

> 어휘 사전
> *dim 어둑한   *vision 시력   *blurry 흐릿한

19 ☐☐☐

난시다

have astigmatism

My father **has astigmatism**.
우리 아빠는 난시이다.

> 어휘 사전
> *astigmatism 난시

20 ☐☐☐

원시다

be far(=long)-sighted

Are you **far(=long)-sighted**?
너 원시니?

> 어휘 사전
> *far 멀리, 먼   *sighted 앞을 볼 수 있는

REVIEW TEST 1

 주어진 우리말을 영어로 말해보고, 틀린 표현이 있다면 체크하세요.

- ☐ 물리치료를 받다
- ☐ 트다
- ☐ 피곤하여 파김치가 되다
- ☐ 혓바늘이 돋다
- ☐ 혀에 백태가 생기다
- ☐ 입안이 헐다
- ☐ 하품하다가 턱이 빠졌다
- ☐ 충치가 생기다
- ☐ 이명현상
- ☐ 귀가 멍멍하다

- ☐ 눈곱이 끼다
- ☐ 눈곱이 많이 끼다
- ☐ 눈곱을 떼다
- ☐ 눈이 멍들다
- ☐ 눈이 붓다
- ☐ (피로로) 눈이 충혈 되다
- ☐ 다래끼가 나다
- ☐ 눈이 침침하다
- ☐ 난시다
- ☐ 원시다

REVIEW TEST 2

 주어진 우리말을 영어로 말해보고, 틀린 표현이 있다면 체크하세요.

- [ ] 경기 후에 그 축구 선수는 물리치료를 받았다.
- [ ] 겨울에 나는 입술이 쉽게 터.
- [ ] 나는 직장에서 퇴근 해 집에 오면, 피곤해서 파김치가 돼.
- [ ] 나 혓바늘이 돋았어.
- [ ] 나 혀에 백태가 생겼어.
- [ ] 나 입안이 헐었어.
- [ ] 그녀는 하품하다가 턱이 빠졌다.
- [ ] 나 충치가 생겼어.
- [ ] 당신은 이명현상을 경험해본 적이 있나요?
- [ ] 나 귀가 멍멍해.
- [ ] 난 매일 아침에 눈에 눈곱이 껴.
- [ ] 난 눈에 눈곱이 많이 껴.
- [ ] 너 눈곱을 떼지 그래?
- [ ] 넌 언제 어디서 왜 눈이 멍든 거야?
- [ ] 나 눈이 부어서 걱정이야.
- [ ] 나는 피곤해서 눈이 충혈 되었어.
- [ ] 나 오른쪽 눈에 다래끼가 났어.
- [ ] 우리 할머니는 눈이 침침하시다.
- [ ] 우리 아빠는 난시이다.
- [ ] 너 원시니?

DAY 26 건강, 질병, 통증

01 ☐☐☐
근시다

be near(=short)-sighted

I'm **near(=short)-sighted**. 나 근시야.

02 ☐☐☐
노안이 오다

One's sight gets aged

His **sight will get aged** soon.
그는 곧 노안이 올 것이다.

> 어휘 사전
> *sight 시력   *aged 고령의, 연로한

03 ☐☐☐
허리를 삐다

put one's back out

They **put their back out**.
그들은 허리를 삐었다.

04 ☐☐☐
코피가 나다

bleed at the nose
= have a bloody nose
= have a nosebleed

Why are you **bleeding at the nose**?
너 왜 코피가 나니?

05 ☐☐☐
지혈하다

stop the bleeding

Can you help me **stop the bleeding**?
나 지혈하는 것 좀 도와줄래?

> 어휘 사전
> *bleeding 출혈

06 ☐☐☐
콧물이 나오다

One's nose runs
= have a runny nose

My nose runs. 나 콧물이 나.

07 ☐☐☐
코가 막히다

One's nose is stuffy(=stuffed=blocked=stopped)
= have stuffy(=blocked) nose

My nose is stuffy(=stuffed=blocked) from a cold.
(나) 감기 걸려서 코가 막혔어.

08 ☐☐☐
목/등에 경련이 일어나다

get a kick(=crick) in one's neck/back

I **got a kick(=crick) in my neck/back**.
나는 목/등에 경련이 일어나.

> 어휘 사전
> *crick 경련

09 ☐☐☐
목이 뻐근하다

One's neck feels stiff

My neck feels stiff because I slept the wrong way.
나 잠을 잘못 잤더니 목이 뻐근해.

> 어휘 사전
> *stiff 뻣뻣한, 결리는

10 ☐☐☐
목이 잠기다, 목이 쉬다

have a frog in one's throat
= lose one's voice

I **have a frog in my throat**.
나는 목이 꽉 잠겼어.

> 어휘 사전
> *throat 목구멍

11 □□□

목을 가다듬다

clear one's throat

He always **clears his throat** before singing a song.

그는 노래를 부르기 전에 항상 목을 가다듬는다.

12 □□□

목이 칼칼하다

have a scratchy throat

I **have a scratchy throat**.

나 목이 칼칼해.

> 어휘 사전
> *scratchy 가려운, 긁는 듯한 소리가 나는

13 □□□

목이 아프다

have a sore throat

I **have a sore throat**.

나 목이 아파.

> 어휘 사전
> *sore 아픈, 상처

14 □□□

목이 붓다

have a swollen throat
= One's throat is swollen

I **had a swollen throat**.

나 목이 부었어.

15 □□□

마른 기침을 하다

have a dry cough

She **has a dry cough**.

그녀는 마른 기침을 한다.

> 어휘 사전
> *dry 마른   *cough 기침

16 ☐☐☐
거북목

text neck

The **text neck** can cause pain in your back.
거북목은 너의 등에 통증을 유발할 수 있어.

17 ☐☐☐
감기에 걸리다

catch a cold
= come down with a cold

My mom **caught a cold**.
우리 엄마는 감기에 걸리셨다.

18 ☐☐☐
냉방병에 걸리다

catch a cold from the air conditioner

I **caught a cold from the air conditioner**.
나는 냉방병에 걸렸어.

19 ☐☐☐
독감에 걸리다

catch the flu
= come down with the flu

Jessica **caught the flu**.
Jessica는 독감에 걸렸다.

어휘 사전
*flu 독감

20 ☐☐☐
감기가 심하게 걸리다

catch one's death of cold

I **caught my death of cold**.
나 감기에 심하게 걸렸어.

REVIEW TEST 1

주어진 우리말을 영어로 말해보고, 틀린 표현이 있다면 체크하세요.

- ☐ 근시다
- ☐ 노안이 오다
- ☐ 허리를 삐다
- ☐ 코피가 나다
- ☐ 지혈하다
- ☐ 콧물이 나오다
- ☐ 코가 막히다
- ☐ 목/등에 경련이 일어나다
- ☐ 목이 뻐근하다
- ☐ 목이 잠기다, 목이 쉬다

- ☐ 목을 가다듬다
- ☐ 목이 칼칼하다
- ☐ 목이 아프다
- ☐ 목이 붓다
- ☐ 마른 기침을 하다
- ☐ 거북목
- ☐ 감기에 걸리다
- ☐ 냉방병에 걸리다
- ☐ 독감에 걸리다
- ☐ 감기가 심하게 걸리다

REVIEW TEST 2

 주어진 우리말을 영어로 말해보고, 틀린 표현이 있다면 체크하세요.

☐ 나 근시야.

☐ 그는 곧 노안이 올 것이다.

☐ 그들은 허리를 삐었다.

☐ 너 왜 코피가 나니?

☐ 나 지혈하는 것 좀 도와줄래?

☐ 나 콧물이 나.

☐ (나) 감기 걸려서 코가 막혔어.

☐ 나는 목/등에 경련이 일어나.

☐ 나 잠을 잘못 잤더니 목이 뻐근해.

☐ 나는 목이 꽉 잠겼어.

☐ 그는 노래를 부르기 전에 항상 목을 가다듬는다.

☐ 나 목이 칼칼해

☐ 나 목이 아파.

☐ 나 목이 부었어.

☐ 그녀는 마른 기침을 한다.

☐ 거북목은 너의 등에 통증을 유발할 수 있어.

☐ 우리 엄마는 감기에 걸리셨다.

☐ 나는 냉방병에 걸렸어.

☐ Jessica는 독감에 걸렸다.

☐ 나 감기에 심하게 걸렸어.

DAY 27 건강, 질병, 통증

01 ☐☐☐
감기를 물리치다

fight(=shake) off cold

I hope you will be able to **fight(=shake) off cold** soon.
(나는) 네가 곧 감기를 물리칠 수 있기를 바래.

02 ☐☐☐
열이 나다

have(=run) a fever(=temperature)

My baby **has(=runs) a fever(=temperature)**.
내 아기가 열이 나.

03 ☐☐☐
몸이 불덩이다

be burning up

You'**re burning up**.
너 몸이 불덩이야.

04 ☐☐☐
열이 내리다

One's fever breaks
= One's fever goes down

I'm fine. **My fever broke**.
나는 괜찮아. 열이 내렸어.

05 ☐☐☐
오한이 나다

have(=feel=catch) a chill
= be(=feel) chilly

I **have(=feel=catch) a chill**.
(나) 오한이 나.

06 ☐☐☐

땀이 뻘뻘 나다

sweat from every pore

I am **sweating from every pore**.

나 땀이 뻘뻘 나.

> 어휘 사전
> ***sweat** 땀을 흘리다   ***pore** 땀구멍

07 ☐☐☐

**(피 섞인)
가래가 나오다**

have (bloody) phlegm

Do you **have (bloody) phlegm**?

너는 (피 섞인) 가래가 나오니?

> 어휘 사전
> ***bloody** 피투성이의   ***phlegm** 가래

08 ☐☐☐

계속 가래가 나오다

keep getting phlegm

I **keep getting phlegm**.

나 계속 가래가 나와.

09 ☐☐☐

가래를 뱉다

spit out(=hawk up) phlegm

Never **spit out(=hawk up) your phlegm** on the street.

절대로 거리에 가래를 뱉지 마라.

10 ☐☐☐

피를 토하다

vomit(=cough up) blood

The patient **vomitted(=coughed) blood**.

그 환자는 피를 토했다.

> 어휘 사전
> ***vomit** 토하다   ***cough up** 내뱉어내다

11 ☐☐☐
토할 것 같다.

I think I am going to be sick.
= I feel like I'm going to vomit.
= I feel like throwing up.

12 ☐☐☐
속이 울렁거리다

have butterflies in the stomach
= one's stomach turns
= feel nausea

I **have butterflies in the stomach**.
나 속이 울렁거려.

> 어휘 사전
> *turn (속이) 뒤틀리다   *nausea 메스꺼움

13 ☐☐☐
속이 쓰리다

have a burning feeling in one's stomach
= have a sour stomach
= have heartburn

I **have a burning feeling in my stomach**.
나 속이 쓰려.

14 ☐☐☐
묽은 변(물똥)을 보다

excrete watery(=loose) stool

She is worried her little baby **excretes watery (=loose) stool**.
그녀는 자신의 어린 아기가 묽은 변을 봐서 걱정이다.

> 어휘 사전
> *excrete 배설하다   *watery 물의, 물기가 많은

15 ☐☐☐
혈변을 보다

excrete bloody stool

He said he **excreted bloody stool** this morning.
그는 아침에 혈변을 봤다고 말했다.

> 어휘 사전
> *excrete 배설하다   *stool 대변

16 ☐☐☐
설사를 하다

have the runs
= have diarrhea

I **had the runs(=diarrhea)** yesterday.

나 어제 설사 했어.

> 어휘 사전
> ***diarrhea** 설사

17 ☐☐☐
설사를 멈추게 하다

bind the bowels

How can I **bind the bowels**?

어떻게 하면 전 설사를 멈추게 할 수 있을까요?

> 어휘 사전
> ***bind** 묶다   ***bowel** 창자

18 ☐☐☐
관장을 하다

get an enema

This patient needs to **get an enema**.

그 환자는 관장이 필요하다.

> 어휘 사전
> ***enema** 관장, 관장제

19 ☐☐☐
머리가 깨질 듯이 아프다

have a splitting headache

Doctor, I **have a splitting headache**.

의사선생님, 저 머리가 깨질 듯이 아파요.

> 어휘 사전
> ***splitting** 머리가 깨질듯한   ***headache** 두통

20 ☐☐☐
머리가 어지럽다

feel light-headed
= feel dizzy

I sometimes **feel light-headed**.

나는 때때로 머리가 어지러워.

REVIEW TEST 1

주어진 우리말을 영어로 말해보고, 틀린 표현이 있다면 체크하세요.

- ☐ 감기를 물리치다
- ☐ 열이 나다
- ☐ 몸이 불덩이다
- ☐ 열이 내리다
- ☐ 오한이 나다
- ☐ 땀이 뻘뻘 나다
- ☐ (피 섞인) 가래가 나오다
- ☐ 계속 가래가 나오다
- ☐ 가래를 뱉다
- ☐ 피를 토하다

- ☐ 토할 것 같다.
- ☐ 속이 울렁거리다
- ☐ 속이 쓰리다
- ☐ 묽은 변(물똥)을 보다
- ☐ 혈변을 보다
- ☐ 설사를 하다
- ☐ 설사를 멈추게 하다
- ☐ 관장을 하다
- ☐ 머리가 깨질 듯이 아프다
- ☐ 머리가 어지럽다

REVIEW TEST 2

 주어진 우리말을 영어로 말해보고, 틀린 표현이 있다면 체크하세요.

☐ (나는) 네가 곧 감기를 물리칠 수 있기를 바래.

☐ 내 아기가 열이 나.

☐ 너 몸이 불덩이야.

☐ 나는 괜찮아. 열이 내렸어.

☐ (나) 오한이 나.

☐ 나 땀이 뻘뻘 나.

☐ 너는 (피 섞인) 가래가 나오니?

☐ 나 계속 가래가 나와.

☐ 절대로 거리에 가래를 뱉지 마라.

☐ 그 환자는 피를 토했다.

☐ 토할 것 같다.

☐ 나 속이 울렁거려.

☐ 나 속이 쓰려.

☐ 그녀는 자신의 어린 아기가 묽은 변을 봐서 걱정이다.

☐ 그는 아침에 혈변을 봤다고 말했다.

☐ 나 어제 설사 했어.

☐ 어떻게 하면 전 설사를 멈추게 할 수 있을까요?

☐ 그 환자는 관장이 필요하다.

☐ 의사선생님, 저 머리가 깨질 듯이 아파요.

☐ 나는 때때로 머리가 어지러워.

Day 27 193

DAY 28 건강, 질병, 통증

01 ☐☐☐
머리가 띵하다

have a dull(=muddled=fuzzy) headache

I **have a dull(=muddled=fuzzy) headache**.
나 머리가 띵해.

> **어휘 사전**
> *dull 흐릿한, 둔탁한   *fuzzy 흐릿한
> *muddled 혼란스러워 하는, 갈피를 못 잡는

02 ☐☐☐
정신이 멍해지다

One's mind goes blank

My mind suddenly **went blank**.
나는 갑자기 정신이 멍해졌다.

03 ☐☐☐
편두통이 있다

have a migraine

I **have a migraine**.
나 편두통이 있어.

04 ☐☐☐
치매에 걸리다

get dementia

My grandfather **got dementia** 2 years ago.
내 할아버지는 2년 전에 치매에 걸리셨다.

05 ☐☐☐
의식을 잃다, 기절하다

pass out

James suddenly **passed out**, so I had to call 911.
James가 갑자기 기절해서 나는 911에 전화를 해야 했어.

06 ☐☐☐
무좀에 걸리다

get athlete's foot

Have you ever **gotten athlete's foot**?

너 무좀에 걸린 적이 있니?

> 어휘 사전
> *athlete 운동선수

07 ☐☐☐
발가락에 티눈이 생기다

have a corn on one's toe

I **have a corn on my toe**.

나 발가락에 티눈이 생겼어.

> 어휘 사전
> *corn 티눈 *toe 발가락

08 ☐☐☐
~에 쥐가 나다

have a cramp in
= get cramped in
= catch a charley horse in

I often **have a cramp in** my leg.

나는 종종 다리에 쥐가 나.

> 어휘 사전
> *cramp 경련 *charley horse 경련

09 ☐☐☐
저리다

be tingling and numb
= fall asleep
= go numb
= have got pins and needles in

My hands and legs **are tingling and numb**.

제 손과 다리가 저려요.

10 ☐☐☐
다리에 힘이 풀리다

One's legs give out

My legs suddenly **gave out**.

나는 갑자기 다리에 힘이 풀렸다.

11 ☐☐☐

발을 헛디디다

lose(=miss) one's footing

Be careful of **losing your footing**.

발 헛디디는 것을 조심 해.

---

12 ☐☐☐

발목을 삐다

sprain one's ankle

Yesterday, he **sprained his ankle**.

어제 그는 발목을 삐었어.

> 어휘 사전
> *sprain 삐다   *ankle 발목

---

13 ☐☐☐

~에 발이 걸려 넘어지다

trip over

David **tripped over** the threshold.

David은 문지방에 걸려 넘어졌다.

---

14 ☐☐☐

발을 질질 끌다, 일부러 꾸물거리다, 열심히 하지 않다

drag one's feet

Your boss knows you are **dragging your feet**.

너의 상사는 네가 일부러 꾸물거리고 있는 것을 알고 있어.

> 어휘 사전
> *drag 끌다

---

15 ☐☐☐

오른쪽 다리를 절며 걷다

limp in the right leg

As he sprained his right ankle, he **limped in the right leg**.

그는 오른쪽 발목을 삐었기 때문에, 오른쪽 다리를 절며 걸었다.

> 어휘 사전
> *limp 다리를 절다

16 ☐☐☐

목발을 짚고 걷다

crutch
= walk on crutches

Did you see him **crutch**?
너 그가 목발을 짚고 걷는 것 봤니?

> 어휘 사전
> *****crutch** 목발

17 ☐☐☐

다리에 깁스를 하다

wear a cast on one's leg

You should **wear a cast on your leg**.
너 다리에 깁스해야 해.

18 ☐☐☐

~의 손/발이 붓다

One's hands/feet have swollen up

Look, **my hands/feet have swollen up**.
봐봐, 내 손/발이 부었어.

19 ☐☐☐

손발이 차다,
수족냉증이 있다

have cold hands and feet

I **have cold hands and feet** all year round.
난 일년 내내 손발이 차.

20 ☐☐☐

손가락을 베이다

cut one's finger

Amy **cut her finger**.
Amy는 손가락을 베였다.

REVIEW TEST 1

 주어진 우리말을 영어로 말해보고, 틀린 표현이 있다면 체크하세요.

- ☐ 머리가 띵하다
- ☐ 정신이 멍해지다
- ☐ 편두통이 있다
- ☐ 치매에 걸리다
- ☐ 의식을 잃다, 기절하다
- ☐ 무좀에 걸리다
- ☐ 발가락에 티눈이 생기다
- ☐ ~에 쥐가 나다
- ☐ 저리다
- ☐ 다리에 힘이 풀리다

- ☐ 발을 헛디디다
- ☐ 발목을 삐다
- ☐ ~에 발이 걸려 넘어지다
- ☐ 발을 질질 끌다, 일부러 꾸물거리다, 열심히 하지 않다
- ☐ 오른쪽 다리를 절며 걷다
- ☐ 목발을 짚고 걷다
- ☐ 다리에 깁스를 하다
- ☐ ~의 손/발이 붓다
- ☐ 손발이 차다, 수족냉증이 있다
- ☐ 손가락을 베이다

REVIEW TEST 2

 주어진 우리말을 영어로 말해보고, 틀린 표현이 있다면 체크하세요.

- ☐ 나 머리가 띵해.
- ☐ 나는 갑자기 정신이 멍해졌다.
- ☐ 나 편두통이 있어.
- ☐ 내 할아버지는 2년 전에 치매에 걸리셨다.
- ☐ James가 갑자기 기절해서 나는 911에 전화를 해야 했어.
- ☐ 너 무좀에 걸린 적이 있니?
- ☐ 나 발가락에 티눈이 생겼어.
- ☐ 나는 종종 다리에 쥐가 나.
- ☐ 제 손과 다리가 저려요.
- ☐ 나는 갑자기 다리에 힘이 풀렸다.
- ☐ 발 헛디디는 것을 조심 해.
- ☐ 어제 그는 발목을 삐었어.
- ☐ David은 문지방에 걸려 넘어졌다.
- ☐ 너의 상사는 네가 일부러 꾸물거리고 있는 것을 알고 있어.
- ☐ 그는 오른쪽 발목을 삐었기 때문에, 오른쪽 다리를 절며 걸었다.
- ☐ 너 그가 목발을 짚고 걷는 것 봤니?
- ☐ 너 다리에 깁스해야 해.
- ☐ 봐봐, 내 손/발이 부었어.
- ☐ 난 일년 내내 손발이 차.
- ☐ Amy는 손가락을 베였다.

DAY 29 건강, 질병, 통증

01 ☐☐☐
습진에 걸리다

be affected by eczema

Many housewives **are affected by eczema**.
많은 주부들이 습진에 걸린다.

> 어휘 사전
> *affect 영향을 미치다   *eczema 습진

02 ☐☐☐
무릎이 시리다

one's knees are(=get) chilly

My knees are(=get) chilly.
나 무릎이 시려.

> 어휘 사전
> *chilly 쌀쌀한, 추운, 냉랭한   *knee 무릎

03 ☐☐☐
무릎/손목이 시큰하다

have a sharp pain in one's knees/wrist

I **have a sharp pain in my knees/wrist**.
나는 무릎/손목이 시큰해.

04 ☐☐☐
무릎이 까지다

get(=have) one's knees skinned

When did you **get(=have) your knees skinned**?
너 언제 무릎이 까졌어?

05 ☐☐☐
성장통이 있다

have growing pains

I guess my son **has growing pains**.
내 생각에 내 아들은 성장통이 있는 것 같아.

200 이게리얼 스피킹 테마편 1

06 ☐☐☐

근육이 결리다

pull a muscle

Did you say you **pulled a muscle**?

너 근육이 결렸다고 말했어?

07 ☐☐☐

어깨가 빠지다

dislocate shoulder

He **dislocated his shoulder**, so he had to get his shoulder popped back.

그는 어깨가 빠져서 다시 제자리로 넣어야 했어.

08 ☐☐☐

어깨가 뻐근하다

feel stiff in the shoulders
= have stiff shoulders

I **feel stiff in the shoulders**.

나 어깨가 뻐근해.

09 ☐☐☐

뭉친 어깨근육을 풀어주다

relax knotted(=tight) muscles on the shoulders

You'd better **relax knotted(=tight) muscles on the shoulders**.

너는 뭉친 어깨근육을 풀어주는 것이 좋겠어.

> **어휘 사전**
> *knotted 마디가 있는, 울퉁불퉁한

10 ☐☐☐

멍이 들다

be black and blue
= get a bruise
= be bruised

The patient **was black and blue** all over the body.

그 환자는 온 몸에 멍이 들었다.

> **어휘 사전**
> *bruise 멍

11 ☐☐☐
자상/찰과상을 입다

sustain(=have) a cut/a scrape(=scratch)

Jason **sustained a cut/a scrape** on his left arm.
Jason은 왼팔에 자상/찰과상을 입었다.

> 어휘 사전
> ***cut** 자상, 상처   ***scrape, scratch** 찰과상

12 ☐☐☐
살이 찢어지다/뼈가 부러지다

break one's skin/bone

He **broke his skin/bone**.
그는 살이 찢어졌다/뼈가 부러졌다.

13 ☐☐☐
~에 붕대를 감다

apply(=put) a bandage to

She **applied a bandage to** the wound.
그녀는 상처에 붕대를 감았다.

> 어휘 사전
> ***bandage** 붕대

14 ☐☐☐
~에 깁스를 하다

wear(=have=get) a cast on

A : You have to **wear a cast on** your ankle for 2 weeks.
B : I want to take off the cast right now.

A : 너는 2주간 발목에 깁스를 해야 돼.
B : 나 지금 당장 깁스 풀고 싶어.

> 어휘 사전
> ***cast** 깁스

15 ☐☐☐
꿰매다

get stitches

The cut was pretty deep, so she had to **get 20 stitches**.
상처가 너무 깊어서 그녀는 20 바늘 꿰매야 했다.

16 □□□

뾰루지/두드러기가 나다

break out in a rash/hives

My forehead **broke out in a rash/hives**.
내 이마에 뾰루지/두드러기가 났어.

> 어휘 사전
> *break out 발발하다 *rash 뾰루지 *hives 두드러기

17 □□□

고름이 생기다

pus forms(=produces)

Do you know when a **pus forms(=produces)**?
너는 언제 고름이 생기는지 아니?

> 어휘 사전
> *pus 고름 *form 형성되다 *produce 생산하다

18 □□□

염증이 생기다

get an infection

I **got an ear infection**.
나 귀에 염증이 생겼어.

> 어휘 사전
> *infection 염증

19 □□□

상처가 따끔따끔하다

the wound smarts

The wound smarts and it kills me.
상처가 따끔거려서 미치겠어.

> 어휘 사전
> *wound 상처 *smart 욱신거리다, 쓰리다

20 □□□

상처가 아물다

the wound heals up

The wound will heal up in a week.
그 상처는 1주일이면 아물 것이다.

REVIEW TEST 1

 주어진 우리말을 영어로 말해보고, 틀린 표현이 있다면 체크하세요.

- ☐ 습진에 걸리다
- ☐ 무릎이 시리다
- ☐ 무릎/손목이 시큰하다
- ☐ 무릎이 까지다
- ☐ 성장통이 있다
- ☐ 근육이 결리다
- ☐ 어깨가 빠지다
- ☐ 어깨가 뻐근하다
- ☐ 뭉친 어깨근육을 풀어주다
- ☐ 멍이 들다

- ☐ 자상/찰과상을 입다
- ☐ 살이 찢어지다/뼈가 부러지다
- ☐ ~에 붕대를 감다
- ☐ ~에 깁스를 하다
- ☐ 꿰매다
- ☐ 뾰루지/두드러기가 나다
- ☐ 고름이 생기다
- ☐ 염증이 생기다
- ☐ 상처가 따끔따끔하다
- ☐ 상처가 아물다

REVIEW TEST 2

 주어진 우리말을 영어로 말해보고, 틀린 표현이 있다면 체크하세요.

- ☐ 많은 주부들이 습진에 걸린다.
- ☐ 나 무릎이 시려.
- ☐ 나는 무릎/손목이 시큰해.
- ☐ 너 언제 무릎이 까졌어?
- ☐ 내 생각에 내 아들은 성장통이 있는 것 같아.
- ☐ 너 근육이 결렸다고 말했어?
- ☐ 그는 어깨가 빠져서 다시 제자리로 넣어야 했어.
- ☐ 나 어깨가 뻐근해.
- ☐ 너는 뭉친 어깨근육을 풀어주는 것이 좋겠어.
- ☐ 그 환자는 온 몸에 멍이 들었다.
- ☐ Jason은 왼팔에 자상/찰과상을 입었다.
- ☐ 그는 살이 찢어졌다/뼈가 부러졌다.
- ☐ 그녀는 상처에 붕대를 감았다.
- ☐ 너는 2주간 발목에 깁스를 해야 돼.
- ☐ 상처가 너무 깊어서 그녀는 20 바늘 꿰매야 했다.
- ☐ 내 이마에 뾰루지/두드러기가 났어.
- ☐ 너는 언제 고름이 생기는지 아니?
- ☐ 나 귀에 염증이 생겼어.
- ☐ 상처가 따끔거려서 미치겠어.
- ☐ 그 상처는 1주일이면 아물 것이다.

Day 29 205

DAY 30 건강, 질병, 통증

01 ☐☐☐
상처에 딱지가 생기다

the wound skins over
= a scab forms in the wound

The wound started to **skin over**.
상처에 딱지가 생기기 시작했다.

02 ☐☐☐
~가 가렵다

have an itch on

I **have an itch on** my back.
나 등이 가려워.

> 어휘 사전
> *itch 가려움, 근질거림

03 ☐☐☐
~에 화상을 입다

get a burn on

He **got a burn on** his chest from the hot iron.
그는 뜨거운 다리미로 가슴에 화상을 입었다.

04 ☐☐☐
~에 물집이 생기다

get a blister on

I **got a blister on** my finger from a burn.
나는 화상으로 내 손가락에 물집이 생겼어.

> 어휘 사전
> *blister 물집

05 ☐☐☐
물집이 터졌다.

The blister broke(=popped out).

06 □□□
종기가 나다

get a boil

I **got a boil** on my left butt.
나 왼쪽 엉덩이에 종기가 났어.

어휘 사전
*boil 종기

07 □□□
종기가 곪다

a boil festers
= a boil comes to a head

This boil on my forehead **festers(=comes to a head)**.
내 이마 위에 종기가 곪았어.

어휘 사전
*fester 곪다   *come to a head 무르익다

08 □□□
식은땀을 흘리다

break out in a cold sweat

Why are you **breaking out in a cold sweat**?
너 왜 식은 땀을 흘리니?

09 □□□
고통에 시달리다

be racked with pain

Tim has **been racked with** terrible **pain** for over 10 years.
Tim은 10년 이상 지독한 통증에 시달렸다.

어휘 사전
*rack 괴롭히다   *pain 고통

10 □□□
통증을 참다

endure(=bear=tolerate) the pain

Peter had to **endure the pain**.
Peter는 통증을 참아야 했다.

어휘 사전
*endure, bear, tolerate 참다, 견디다

11 ☐☐☐

가슴이 쑤시다

feel a stabbing pain in the chest

I **feel a stabbing pain in the chest**.

저는 가슴이 쑤셔요.

> 어휘 사전
> *stabbing 찌르는 듯한

12 ☐☐☐

가슴이 답답해서 못 견디다

can't stand heaviness on one's heart

I **can't stand heaviness on my heart**.

나 가슴이 답답해서 못 견디겠어.

13 ☐☐☐

따끔거리다

have stinging(=pricking=tingling) sensation

I **have stinging(=pricking=tingling) sensation** on the legs. 저는 다리가 따끔거려요.

> 어휘 사전
> *stinging 찌르는, 쏘는   *pricking 따끔하게 찌르는
> *tingling 톡톡 쏘는

14 ☐☐☐

욱신거리다

throb = tingle = be sore

My wrist **throbs**. 제 손목이 욱신거려요.

15 ☐☐☐

~가 콕콕 쑤시고 아프다

have a shooting pain in

I **have a shooting pain in** my back.

(나는) 허리가 콕콕 쑤시고 아파.

16 ☐☐☐
온몸이 쑤시다

feel sharp pains(=be sore) all over the body

I **feel sharp pains(=am sore) all over the body**.
나 온몸이 쑤셔.

17 ☐☐☐
붓다

swell(=puff) up
= become swollen

My face **swells(=puffs) up** in the morning.
저는 아침에 얼굴이 부어요.

18 ☐☐☐
암에 걸리다

get(=contract) cancer

More and more people are **getting(=contracting) cancer**.
점점 더 많은 사람들이 암에 걸리고 있다.

19 ☐☐☐
합병증이 생기다

develop complications

Some patients are likely to **develop complications**.
어떤 환자들은 합병증이 생길 가능성이 있어요.

20 ☐☐☐
부작용을 일으키다

cause(=produce) side(=ill) effects

Can this medicine **cause(=produce) side(=ill) effects**?
이 약이 부작용을 일으킬 수 있나요?

어휘 사전
*****side effect, ill effect** 부작용

REVIEW TEST 1

 주어진 우리말을 영어로 말해보고, 틀린 표현이 있다면 체크하세요.

- ☐ 상처에 딱지가 생기다
- ☐ ~가 가렵다
- ☐ ~에 화상을 입다
- ☐ ~에 물집이 생기다
- ☐ 물집이 터졌다.
- ☐ 종기가 나다
- ☐ 종기가 곪다
- ☐ 식은땀을 흘리다
- ☐ 고통에 시달리다
- ☐ 통증을 참다

- ☐ 가슴이 쑤시다
- ☐ 가슴이 답답해서 못 견디다
- ☐ 따끔거리다
- ☐ 욱신거리다
- ☐ ~가 콕콕 쑤시고 아프다
- ☐ 온몸이 쑤시다
- ☐ 붓다
- ☐ 암에 걸리다
- ☐ 합병증이 생기다
- ☐ 부작용을 일으키다

REVIEW TEST 2

 주어진 우리말을 영어로 말해보고, 틀린 표현이 있다면 체크하세요.

- ☐ 상처에 딱지가 생기기 시작했다.
- ☐ 나 등이 가려워.
- ☐ 그는 뜨거운 다리미로 가슴에 화상을 입었다.
- ☐ 나는 화상으로 내 손가락에 물집이 생겼어.
- ☐ 물집이 터졌다.
- ☐ 나 왼쪽 엉덩이에 종기가 났어.
- ☐ 내 이마 위에 종기가 곪았어.
- ☐ 너 왜 식은 땀을 흘리니?
- ☐ Tim은 10년 이상 지독한 통증에 시달렸다.
- ☐ Peter는 통증을 참아야 했다.
- ☐ 저는 가슴이 쑤셔요.
- ☐ 나 가슴이 답답해서 못 견디겠어.
- ☐ 저는 다리가 따끔거려요.
- ☐ 제 손목이 욱신거려요.
- ☐ (나는) 허리가 콕콕 쑤시고 아파.
- ☐ 나 온몸이 쑤셔.
- ☐ 저는 아침에 얼굴이 부어요.
- ☐ 점점 더 많은 사람들이 암에 걸리고 있다.
- ☐ 어떤 환자들은 합병증이 생길 가능성이 있어요.
- ☐ 이 약이 부작용을 일으킬 수 있나요?

BONUS STAGE

✓ 관련 어휘를 활용한 표현

- [ ] 하기 싫지만 해야 하는 일,   bitter pill to swallow
  지금은 힘들지만 나중엔 도움이 되는 일

- [ ] 인터넷에 확 퍼지다   go viral

- [ ] 불평이나 항의 없이 싫은 일을 감수하다   take one's medicine

- [ ] 자신이 당한 것과 같은 방법으로   give someone
  남에게 보복하다   a taste of one's medicine

- [ ] 자신이 남에게 한 것과 같은 방법으로   get some(=a little) taste
  남에게 보복당하다   of one's medicine

- [ ] 불쾌할 정도로 두드러지다   stick out like a sore thumb

- [ ] (기업·시스템 등의) 초창기의 작은 문제들   teething problems

- [ ] 쉬지 않고 말하다   have verbal diarrhoea

- [ ] ~하려고 무지 애쓰다   be at pains to+동사원형

- [ ] ~와 완전히 공감하다   feel one's pain

- [ ] 눈엣가시, 골칫거리, 성가신 사람   royal(=real) pain in the neck

- [ ] 술에 취하다   feel no pain

- [ ] ~를 짜증나게 하다   give someone a pain

✓ 관련 어휘 및 표현

- ☐ 편두통 — migraine
- ☐ 복통 — stomachache
- ☐ 치통/두통 — toothache/headache
- ☐ 열 — fever
- ☐ 오한 — chill
- ☐ 덜덜 떨다 — shiver
- ☐ 유행병 — endemic disease
- ☐ 전염병 — infectious disease
- ☐ 잠복기 — latent period
- ☐ 변비 — constipation
- ☐ 설사 — diarrhea
- ☐ 소화불량/메스꺼움 — indigestion/nausea
- ☐ 당뇨병 — diabetes
- ☐ 뇌졸중 — stroke
- ☐ 고혈압 — high blood pressure
- ☐ 저혈압 — low blood pressure
- ☐ 관절염 — arthritis
- ☐ 치매 — dementia
- ☐ 딱지/흉터 — scab/scar
- ☐ 경련/눈 경련 — spasm/twitch
- ☐ 멀미 — motion sickness

PART 7

학교, 수업

DAY 31 학교, 수업

01 ☐☐☐
선생님의 총애를 받는 학생

teacher's pet
She says she was **a teacher's pet**.
그녀는 자신이 선생님의 총애를 받는 학생이었다고 말한다.

02 ☐☐☐
공부벌레/책벌레

study animal/bookworm
My sister is **a study animal/bookworm**.
우리 언니는 공부벌레/책벌레야.

03 ☐☐☐
공부만 잘하는 학생

egghead
Does **the egghead** cram for a test?
그 공부만 잘하는 학생은 시험에 대비해 벼락치기 공부를 하나요?

04 ☐☐☐
우등생이 되다

make honor roll
Howard **has made honor roll**.
Howard는 우등생이 되었다.

> **어휘 사전**
> *honor roll 우등생 명단

05 ☐☐☐
A를 암기하다

know A by heart
You should **know it by heart**.
너는 그것을 암기해야 해.

06 □□□

기계적으로 암기하다

learn by rote

Too many students still **learn English words by rote**.

너무나 많은 학생들이 여전히 영어단어를 기계적으로 암기한다.

어휘 사전
*rote (기계적인 반복에 의한) 암기

07 □□□

암산하다

do math in one's head

I enjoy **doing math in my head**.

나는 암산하는 것을 즐긴다.

08 □□□

수업시간에 집중하다

pay attention in class

We should **pay attention in class**.

우리는 수업시간에 집중해야 한다.

어휘 사전
*attention 주의, 주목

09 □□□

~을 명심하다, 기억하다

make a mental note of

You should **make a mental note of** what I said.

너는 내가 말한 것을 명심해야 해.

10 □□□

필기하다

take notes

Did you **take notes** in the class?

너 수업 시간에 필기했어?

Day 31

11 ☐☐☐
처음에 이해하지 못했던 것을 이해하게 되다

catch on to

She is very quick to **catch on to** things.
그녀는 처음에 이해하지 못한 것을 빠르게 이해한다.

12 ☐☐☐
밤 새워가며 공부/일 하다

pull an all-nighter

I had to **pull an all-nighter** to meet the deadline.
나는 마감시한을 맞추기 위해 밤 새워 공부/일해야 했다.

13 ☐☐☐
밤늦도록 공부/일하다

burn the midnight oil
= work or study far into the night

We will have to **burn the midnight oil** next week.
우리는 다음 주에 밤늦도록 공부/일해야 한다.

14 ☐☐☐
~을 대비해서 벼락치기 공부하다

cram for

When I was your age, I used to **cram for** a test.
내가 너의 나이 때, 난 시험에 대비해서 벼락치기 공부하곤 했지.

15 ☐☐☐
~시험에 대비해서 열심히 공부하다

bone up on

I am going to **bone up on** mid-term exam from tomorrow.
나는 내일부터 중간고사에 대비해서 열심히 공부할 예정이야.

16 □□□

열심히 공부하다

hit the book

He always **hits the book**.
그는 항상 열심히 공부한다.

17 □□□

오답노트

review notes for wrong answers

She lost her **review notes for wrong answers**.
그녀는 오답노트를 잃어버렸다.

> 어휘 사전
> *review 검토, 복습

18 □□□

스스로 벌어서 학비를 대다

put oneself through school

I had to **put myself through school**.
나는 스스로 벌어서 학비를 대야했어.

19 □□□

시험을 잘 보다

kill an exam
= ace a test

Everybody wants to **kill an exam**.
누구나 시험을 잘 보고 싶어 한다.

20 □□□

반에서 1등하다

go to the head of the class

My son **has gone to the head of the class** twice
내 아들은 반에서 1등을 두 번 해본 적이 있다.

Day 31

REVIEW TEST 1

주어진 우리말을 영어로 말해보고, 틀린 표현이 있다면 체크하세요.

- ☐ 선생님의 총애를 받는 학생
- ☐ 공부벌레/책벌레
- ☐ 공부만 잘하는 학생
- ☐ 우등생이 되다
- ☐ A를 암기하다
- ☐ 기계적으로 암기하다
- ☐ 암산하다
- ☐ 수업시간에 집중하다
- ☐ ~을 명심하다, 기억하다
- ☐ 필기하다

- ☐ 처음에 이해하지 못했던 것을 이해하게 되다
- ☐ 밤 새워가며 공부/일 하다
- ☐ 밤늦도록 공부/일하다
- ☐ ~을 대비해서 벼락치기 공부하다
- ☐ ~시험에 대비해서 열심히 공부하다
- ☐ 열심히 공부하다
- ☐ 오답노트
- ☐ 스스로 벌어서 학비를 대다
- ☐ 시험을 잘 보다
- ☐ 반에서 1등하다

REVIEW TEST 2

 주어진 우리말을 영어로 말해보고, 틀린 표현이 있다면 체크하세요.

- ☐ 그녀는 자신이 선생님의 총애를 받는 학생이었다고 말한다.
- ☐ 우리 언니는 공부벌레/책벌레야.
- ☐ 그 공부만 잘하는 학생은 시험에 대비해 벼락치기 공부를 하나요?
- ☐ Howard는 우등생이 되었다.
- ☐ 너는 그것을 암기해야 해.
- ☐ 너무나 많은 학생들이 여전히 영어단어를 기계적으로 암기한다.
- ☐ 나는 암산하는 것을 즐긴다.
- ☐ 우리는 수업시간에 집중해야 한다.
- ☐ 너는 내가 말한 것을 명심해야 해.
- ☐ 너 수업 시간에 필기했어?
- ☐ 그녀는 처음에 이해하지 못한 것을 빠르게 이해한다.
- ☐ 나는 마감시한을 맞추기 위해 밤 새워 공부/일해야 했다.
- ☐ 우리는 다음 주에 밤늦도록 공부/일해야 한다.
- ☐ 내가 너의 나이 때, 난 시험에 대비해서 벼락치기 공부하곤 했지.
- ☐ 나는 내일부터 중간고사에 대비해서 열심히 공부할 예정이야.
- ☐ 그는 항상 열심히 공부한다.
- ☐ 그녀는 오답노트를 잃어버렸다.
- ☐ 나는 스스로 벌어서 학비를 대야했었어.
- ☐ 누구나 시험을 잘 보고 싶어 한다.
- ☐ 내 아들은 반에서 1등을 두 번 해본 적이 있다.

DAY 32  학교, 수업

01 ☐☐☐
전교 1등하다

win first in the whole school = become the head(=top) of the whole school

Just once, I **won first in the whole school**.
딱 1번, 난 전교 1등 했었어.

02 ☐☐☐
좋은 성적을 받다

get a good(=high) mark

I hope to **get a good(=high) mark** on math this time.
나는 이번에 수학 성적을 잘 받으면 좋겠어.

03 ☐☐☐
좋지 못한 성적을 받다

get a bad(=low) mark

He used to **get a bad(=low) mark** on math.
그는 수학 성적이 좋지 않았어.

04 ☐☐☐
좋은 성적으로 쉽게 시험에 합격하다

pass an exam with flying colors

The study animal **passed an exam with flying colors**.
그 공부벌레는 좋은 성적으로 쉽게 시험에 합격했다.

05 ☐☐☐
우등졸업하다

graduate from school with honors

Howard and Harry **graduated from their college with honors**.
Howard와 Harry는 우등으로 대학을 졸업했다.

06 ☐☐☐
과외를 받다

take extra lessons
= have private tuition(=coaching)

Lots of students **take extra lessons** after school.
많은 학생들이 방과 후에 과외를 받는다.

07 ☐☐☐
독학하다

learn something by oneself

I **learned math by myself**.
나는 수학을 독학했다.

08 ☐☐☐
자습시간

study hall

The first period was changed into **a study hall**.
1교시는 자습시간으로 바뀌었다.

09 ☐☐☐
방과 후 수업을 듣다

take after-school classes

I don't want to **take after-school classes**.
나는 방과 후 수업을 듣고 싶지 않다.

10 ☐☐☐
땡땡이치다

skip(=cut) class(=school)
= play hooky

Did you ever **skip(=cut) class(=school)**?
너 땡땡이쳐 본 적이 있니?

11 ☐☐☐
수업시간에 떠들다

talk in class

We shouldn't **talk in class**.
우리는 수업시간에 떠들면 안 된다.

12 ☐☐☐
수업시간에 졸다

doze off in class
= nod off in class

I didn't **doze off in class**.
나는 수업시간에 졸지 않았어.

> 어휘 사전
> *doze off, nod off 졸다

13 ☐☐☐
책상에 엎드리다

sit in the chair with one's head on the desk

Don't **sit in the chair with your head** on the desk.
책상에 엎드리지 마라.

14 ☐☐☐
교무실에 불려가다

get called to the teachers' room

I **got called to the teachers' room** because I talked in class.
나는 수업시간에 떠들어서 교무실에 불려갔다.

15 ☐☐☐
~를 따끔하게 혼내주다

teach someone a lesson

We need to **teach him a lesson**.
우리는 그를 따끔하게 혼내줄 필요가 있어.

16 ☐☐☐
컨닝페이퍼

cheat sheet(=crib note)

He made **a cheat sheet(=crib note)** for 5 hours.
그는 5시간 동안 컨닝페이퍼를 만들었다.

> 어휘 사전
> *cheat 속이다   *sheet (종이) 한 장
> *crib 베끼다   *note 메모

17 ☐☐☐
전혀 공부를 하지 않다

not crack open a book

He did**n't crack open a book** even before the exam.
그는 시험 전에도 전혀 공부를 하지 않았어.

18 ☐☐☐
답을 찍다

choose an answer at random

I sometimes **choose an answer at random**.
나는 때때로 답을 찍어.

19 ☐☐☐
답을 밀려 쓰다

accidently mark every answer to next one

She **accidently marked every answer to next one**.
그녀는 답을 밀려 썼다.

20 ☐☐☐
시험을 망치다

blow the test
= mess up the test
= screw up the test

Alex **blew the test**.
Alex는 시험을 망쳤어.

REVIEW TEST 1

 주어진 우리말을 영어로 말해보고, 틀린 표현이 있다면 체크하세요.

- ☐ 전교 1등하다
- ☐ 좋은 성적을 받다
- ☐ 좋지 못한 성적을 받다
- ☐ 좋은 성적으로 쉽게 시험에 합격하다
- ☐ 우등졸업하다
- ☐ 과외를 받다
- ☐ 독학하다
- ☐ 자습시간
- ☐ 방과 후 수업을 듣다
- ☐ 땡땡이치다

- ☐ 수업시간에 떠들다
- ☐ 수업시간에 졸다
- ☐ 책상에 엎드리다
- ☐ 교무실에 불려가다
- ☐ ~를 따끔하게 혼내주다
- ☐ 컨닝페이퍼
- ☐ 전혀 공부를 하지 않다
- ☐ 답을 찍다
- ☐ 답을 밀려 쓰다
- ☐ 시험을 망치다

REVIEW TEST 2

 주어진 우리말을 영어로 말해보고, 틀린 표현이 있다면 체크하세요.

- ☐ 딱 1번, 난 전교 1등 했었어.
- ☐ 나는 이번에 수학 성적을 잘 받으면 좋겠어.
- ☐ 그는 수학 성적이 좋지 않았어.
- ☐ 그 공부벌레는 좋은 성적으로 쉽게 시험에 합격했다.
- ☐ Howard와 Harry는 우등으로 대학을 졸업했다.
- ☐ 많은 학생들이 방과 후에 과외를 받는다.
- ☐ 나는 수학을 독학했다.
- ☐ 1교시는 자습시간으로 바뀌었다.
- ☐ 나는 방과 후 수업을 듣고 싶지 않다.
- ☐ 너 땡땡이쳐 본 적이 있니?
- ☐ 우리는 수업시간에 떠들면 안 된다.
- ☐ 나는 수업시간에 졸지 않았어.
- ☐ 책상에 엎드리지 마라.
- ☐ 나는 수업시간에 떠들어서 교무실에 불려갔다.
- ☐ 우리는 그를 따끔하게 혼내줄 필요가 있어.
- ☐ 그는 5시간 동안 컨닝페이퍼를 만들었다.
- ☐ 그는 시험 전에도 전혀 공부를 하지 않았어.
- ☐ 나는 때때로 답을 찍어.
- ☐ 그녀는 답을 밀려 썼다.
- ☐ Alex는 시험을 망쳤어.

DAY 33 학교, 수업

01 ☐☐☐

시험에 떨어지다

fail an exam

How did you feel when you **failed the exam**?
너는 시험에 떨어졌을 때 기분이 어땠니?

02 ☐☐☐

~과목에서 낙제하다

flunk in

He **flunked in** math again.
그는 또 수학에서 낙제했다.

03 ☐☐☐

겨우 합격하다

scrape a pass
= pass by the skin of one's teeth

Fortunately, I **scraped a pass**.
난 운 좋게도 시험에 겨우 합격했지.

04 ☐☐☐

시험지를 채점하다

grade the test papers

She hasn't finished **grading the test papers**.
그녀는 시험지 채점을 아직 끝내지 못했다.

05 ☐☐☐

시험지를 나누어주다

hand out the test papers

Teachers will **hand out the test papers** soon.
선생님들께서 곧 시험지를 나눠주실 것이다.

06 ☐☐☐
시험을 보다

take a test(=exam)
= go in for a test(=exam)
= sit an exam

Are you ready to **take a test(=exam)**?
시험 칠 준비가 됐나요?

07 ☐☐☐
시험에서 부정행위를 하다

cheat on the exam

Have you ever **cheated on the exam**?
너 시험에서 부정행위 해 본 적 있어?

08 ☐☐☐
부정행위 하다가 걸리다

be(=get) caught cheating

I **was(=got) caught cheating** on the mid-term exam.
난 중간고사 볼 때 부정행위를 하다가 걸렸어.

09 ☐☐☐
성적이 떨어지다

fall behind in class
= one's grades fall

I **fell behind in class**.
난 성적이 떨어졌어.

10 ☐☐☐
성적을 올리다

raise grades
= do better at school
= get better grades at school

Can you give me a hot tip on how to **raise grades**?
성적을 올릴 수 있는 비결 좀 알려줄 수 있어?

11 ☐☐☐
어렵게(힘들게) 배우다

learn the hard way

Everyone **learns the hard way**.
누구나 어렵게 배우는 거야.

12 ☐☐☐
객관식 시험

multiple-choice test

I hate **multiple-choice tests**.
난 객관식 시험이 싫어.

> 어휘 사전
> *multiple 많은, 다수의   *choice 선택

13 ☐☐☐
인원(머릿) 수를 세다

count noses

Before we leave, we have to **count noses**.
떠나기 전에, 우리는 인원수를 세야 해.

14 ☐☐☐
출석을 부르다

call the roll

My homeroom teacher often **calls the roll**.
우리 담임선생님은 종종 출석을 부르신다.

> 어휘 사전
> *roll 명부

15 ☐☐☐
왕따 당하다

get bullied
= **get left out**
= **get ostracized**

I was sorry to hear he **got bullied**.
난 그가 왕따를 당했다는 말을 듣고 마음이 안 좋았어.

> 어휘 사전
> *bullied 괴롭힘을 당하는   *ostracized 외면당하다

16 ☐☐☐
학교 폭력을 예방하다

prevent school violence

CCTVs will help **prevent school violence**.
CCTV는 학교 폭력을 예방하는데 도움이 될 것이다.

> 어휘 사전
> *prevent 예방하다   *violence 폭력

17 ☐☐☐
아파서 못 간다고 전화로 거짓말하다

fake-call in sick

Did you **fake-call in sick**?
너 아파서 못 간다고 전화로 거짓말 했니?

18 ☐☐☐
결석하다

**dismiss class
= be absent from school**

Did Jack **dismiss class** yesterday?
어제 Jack이 결석했어?

> 어휘 사전
> *dismiss 묵살하다, 해고하다   *absent 결석한

19 ☐☐☐
무단결석하다

be absent from school without excuse

You shouldn't **be absent from school without excuse**.
너는 무단결석을 하면 안 돼.

20 ☐☐☐
병결하다

take a sick leave of absence from school

He **took a sick leave of absence from school**.
그는 병결했어.

REVIEW TEST 1

 주어진 우리말을 영어로 말해보고, 틀린 표현이 있다면 체크하세요.

- ☐ 시험에 떨어지다
- ☐ ~과목에서 낙제하다
- ☐ 겨우 합격하다
- ☐ 시험지를 채점하다
- ☐ 시험지를 나누어주다
- ☐ 시험을 보다
- ☐ 시험에서 부정행위를 하다
- ☐ 부정행위 하다가 걸리다
- ☐ 성적이 떨어지다
- ☐ 성적을 올리다

- ☐ 어렵게(힘들게) 배우다
- ☐ 객관식 시험
- ☐ 인원(머릿) 수를 세다
- ☐ 출석을 부르다
- ☐ 왕따 당하다
- ☐ 학교 폭력을 예방하다
- ☐ 아파서 못 간다고 전화로 거짓말하다
- ☐ 결석하다
- ☐ 무단결석하다
- ☐ 병결하다

REVIEW TEST 2

 주어진 우리말을 영어로 말해보고, 틀린 표현이 있다면 체크하세요.

- ☐ 너는 시험에 떨어졌을 때 기분이 어땠니?
- ☐ 그는 또 수학에서 낙제했다.
- ☐ 난 운 좋게도 시험에 겨우 합격했지.
- ☐ 그녀는 시험지 채점을 아직 끝내지 못했다.
- ☐ 선생님들께서 곧 시험지를 나눠주실 것이다.
- ☐ 시험 칠 준비가 됐나요?
- ☐ 너 시험에서 부정행위 해 본 적 있어?
- ☐ 난 중간고사 볼 때 부정행위를 하다가 걸렸어.
- ☐ 난 성적이 떨어졌어.
- ☐ 성적을 올릴 수 있는 비결 좀 알려줄 수 있어?
- ☐ 누구나 어렵게 배우는 거야.
- ☐ 난 객관식 시험이 싫어.
- ☐ 떠나기 전에, 우리는 인원수를 세야 해.
- ☐ 우리 담임선생님은 종종 출석을 부르신다.
- ☐ 난 그가 왕따를 당했다는 말을 듣고 마음이 안 좋았어.
- ☐ CCTV는 학교 폭력을 예방할 것이다.
- ☐ 너 아파서 못 간다고 전화로 거짓말 했니?
- ☐ 어제 Jack이 결석했어?
- ☐ 너는 무단결석을 하면 안 돼.
- ☐ 그는 병결했어.

DAY 34  학교, 수업

01 ☐☐☐

전화로 병결을 알리다

call in sick

I'm going to **call in sick** today.

나는 전화로 병결을 알릴 예정이야.

02 ☐☐☐

밀린 것을 따라잡다

catch up on

I should **catch up on** class.

나는 밀린 수업 진도를 따라 잡아야 해.

03 ☐☐☐

개근상을 받다

be awarded for perfect attendance

My son **was awarded for perfect attendance**.

내 아들은 개근상을 받았어.

어휘 사전
*perfect 완벽한   *attendance 출석

04 ☐☐☐

조퇴하다

leave school early
= leave school during school hours

He **left school early** for no reason.

그는 아무 이유도 없이 조퇴했어.

05 ☐☐☐

전학하다

change(=transfer) schools

She refused to **change(=transfer) schools**.

그녀는 전학하기를 거부했어.

06 ☐☐☐
학사경고를 받다

receive a school warning
= be put on(=get placed under) academic probation

Mike **received a school warning**.
Mike는 학사경고를 받았어.

07 ☐☐☐
정학당하다

be suspended from school

He **was suspended from school** for a month because he got caught cheating on exams.
그는 시험에서 부정행위를 해서 1달 동안 정학을 당했다.

어휘 사전
*suspend 중단하다, 유예하다, 연기하다

08 ☐☐☐
퇴학당하다

be removed(=expelled) from school

It's rare for a student to **be removed(=expelled) from school**.
학생이 퇴학당하는 것은 드물다.

어휘 사전
*remove 제거하다   *expel 퇴학시키다, 쫓아내다

09 ☐☐☐
학교를 중퇴하다

drop out of(=leave=quit) school

He had to **drop out of(=leave=quit) school**.
그는 학교를 중퇴할 수밖에 없었다.

10 ☐☐☐
휴학하다

take a leave of absence from school
= take time off from school

She is **taking a leave of absence from school**.
그녀는 휴학 중이다.

11 ☐☐☐

~을 전공하다

major in

I want to **major in** law.

나는 법을 전공하고 싶다.

12 ☐☐☐

~을 부전공하다

minor in

I plan to **minor in** economics.

나는 경제학을 부전공할 계획이다.

13 ☐☐☐

**(초, 중, 고)
너 몇 학년이야?**

What grade are you in?

A : **What grade are you in**?

B : I'm in fifth grade.

A : 너 몇 학년이야?
B : 저는 5학년입니다.

14 ☐☐☐

**(대학)
너 몇 학년이야?**

What year are you in?

A : **What year are you in**?

B : I'm a senior.

A : 너 몇 학년이야?
B : 나 4학년이야.

15 ☐☐☐

장학금을 받다

get a scholarship

I will hit the book to **get a scholarship**.

나는 장학금을 받기 위해 열심히 공부할 거야.

16 ☐☐☐
수강 신청을 하다

sign up(=register) for class(=course)

I will **sign up for the class**.
나는 그 수업을 신청할 거야.

17 ☐☐☐
수강 취소를 하다

drop class(=course)

You can **drop the course** during the semester.
너는 학기 도중에 수강 취소를 할 수 있어.

18 ☐☐☐
개교기념일

school anniversary

It's **the school anniversary** today, so there will be no classes.
오늘은 개교기념일이어서 수업이 없어요.

어휘 사전
*anniversary 기념일

19 ☐☐☐
운동회를 하다

have a field day

We **had a field day** yesterday.
우리는 어제 운동회를 했다.

20 ☐☐☐
다녀왔습니다.

I'm home.

REVIEW TEST 1

 주어진 우리말을 영어로 말해보고, 틀린 표현이 있다면 체크하세요.

☐ 전화로 병결을 알리다

☐ 밀린 것을 따라잡다

☐ 개근상을 받다

☐ 조퇴하다

☐ 전학하다

☐ 학사경고를 받다

☐ 정학당하다

☐ 퇴학당하다

☐ 학교를 중퇴하다

☐ 휴학하다

☐ ~을 전공하다

☐ ~을 부전공하다

☐ (초, 중, 고) 너 몇 학년이야?

☐ (대학) 너 몇 학년이야?

☐ 장학금을 받다

☐ 수강 신청을 하다

☐ 수강 취소를 하다

☐ 개교기념일

☐ 운동회를 하다

☐ 다녀왔습니다.

REVIEW TEST 2

 주어진 우리말을 영어로 말해보고, 틀린 표현이 있다면 체크하세요.

☐ 나는 전화로 병결을 알릴 예정이야.

☐ 나는 밀린 수업 진도를 따라 잡아야 해.

☐ 내 아들은 개근상을 받았어.

☐ 그는 아무 이유도 없이 조퇴했어.

☐ 그녀는 전학하기를 거부했어.

☐ Mike는 학사경고를 받았어.

☐ 그는 시험에서 부정행위를 해서 1달 동안 정학을 당했다.

☐ 학생이 퇴학당하는 것은 드물다.

☐ 그는 학교를 중퇴할 수밖에 없었다.

☐ 그녀는 휴학 중이다.

☐ 나는 법을 전공하고 싶다.

☐ 나는 경제학을 부전공할 계획이다.

☐ (초, 중, 고) 너 몇 학년이야?

☐ (대학) 너 몇 학년이야?

☐ 나는 장학금을 받기 위해 열심히 공부할 거야.

☐ 나는 그 수업을 신청할 거야.

☐ 너는 학기 도중에 수강 취소를 할 수 있어.

☐ 오늘은 개교기념일이어서 수업이 없어요.

☐ 우리는 어제 운동회를 했다.

☐ 다녀왔습니다.

BONUS STAGE

✓ 관련 어휘를 활용한 표현

- ☐ 초보적인/미숙한 실수   school boy error
- ☐ 필요한 수준에 이르다, 성공하다   make the grade
- ☐ 나이든 분들이 바뀌게 하기는 어렵다.   You can't teach an old dog new tricks.

✓ 관련 어휘 및 표현

- ☐ 유치원   kindergarten
- ☐ 초등학교   elementary school = primary school
- ☐ 중학교   middle school
- ☐ 고등학교   high school
- ☐ 전문대학, 단과대학   college
- ☐ 4년제 대학   university
- ☐ 기숙사   dormitory = dorm
- ☐ 강당   hall = auditorium
- ☐ 중간고사   midterm exam
- ☐ 기말고사   final exam

☐ 객관식 시험/주관식 시험	objective test/subjective test
☐ (예고 없이 간단히 치는) 시험	pop quiz
☐ 수행평가	performance assessment
☐ 반 친구	classmate
☐ 반장	class president
☐ 회장	student president
☐ 부반장, 부회장	vice president
☐ 학생회	student council
☐ 담임 선생님	homeroom teacher
☐ 보건 선생님	school nurse
☐ 양호실	nurse's office
☐ 학교 경비원	school guard
☐ 입학식	entrance ceremony
☐ 졸업식	graduation ceremony = commencement
☐ 졸업장	diploma
☐ (이수해야 하는) 학점	credit
☐ 학기	term, semester
☐ 장학금	scholarship
☐ 수학여행	field trip = school trip
☐ 시간표	timetable
☐ ~교시	~ period

PART 8

가격, 협상

DAY 35 가격, 협상

01 ☐☐☐
가격이 ~다

be priced at
This laptop computer **is priced at** 999 dollars.
이 노트북은 가격이 999달러다.

02 ☐☐☐
~에 가격을 매기다

put a price on
Who **puts a price on** every item here?
여기 모든 물건에 누가 가격을 매기는가요?

03 ☐☐☐
값을 올리다/내리다

raise/lower the price
I want to **raise/lower the price** a little bit.
나는 가격을 조금 올리고/내리고 싶어.

04 ☐☐☐
(너무 싸서)
공짜나 마찬가지다

be a steal
It**'s a steal**.
그건 공짜나 마찬가지야.

05 ☐☐☐
공짜로

for nothing
= for free
= free of charge
= without payment

I got it **for nothing**.
나는 그것을 공짜로 얻었어.

06 ☐☐☐
~을 싸게 사다

buy something cheap(=at a low price)

Everyone wants to **buy things cheap(=at a low price)**.
누구든 싸게 사고 싶어 하지.

07 ☐☐☐
가격동결/인하

price freeze/price cut(=reduction)

Is **price freeze/price cut(=reduction)** possible?
가격동결/인하가 가능할까요?

08 ☐☐☐
~가 지불할 수 있는 범위 내/밖의 가격이다

be in/outside one's price

One thousand dollars **is in/outside my price**.
1,000달러는 내가 지불할 수 있는 범위 내/밖의 가격이다.

09 ☐☐☐
바가지를 씌우다

overprice(=rip-off) someone

In some tourist attractions, they **overprice(=rip-off) tourists**.
어떤 관광지에서 그들은 관광객들에게 바가지를 씌운다.

> 어휘 사전
> *tourist attraction 관광지   *tourist 관광객

10 ☐☐☐
바가지를 쓰다

get ripped-off

I **got ripped-off** again.
나 또 바가지를 썼어.

> 어휘 사전
> *rip off 뜯어내다, 빼앗다

Day 35

11 ☐☐☐

속아서 잘못 사다

buy a lemon

Have you ever **bought a lemon**?
너 지금까지 속아서 물건을 산 적이 있어?

12 ☐☐☐

값을 깎다, 흥정하다

beat the price down
= bargain for a better price

He doesn't want his wife to **beat the price down**.
그는 자신의 아내가 값을 깎는 것을 원하지 않는다.

13 ☐☐☐

~에게 값을 깎아주다

give someone a discount

I will **give you a** big **discount** on this.
제가 이것에 대해 값을 왕창 깎아드리지요.

> **어휘 사전**
> *discount 할인

14 ☐☐☐

정찰제를 엄격히 지키다

go strictly by the price tag

Most stores **go strictly by the price tag**.
대부분의 가게는 정찰제를 엄격히 지킨다.

> **어휘 사전**
> *price tag 가격표

15 ☐☐☐

정찰제로 판매하다

sell at the fixed price
= be on a fixed price system
= be on a price-tag system

Most stores **sell at the fixed price**.
대부분의 가게는 정찰제로 판매한다.

16 ☐☐☐

~을 사재기하다

panic-buy

The government is asking people not to **panic-buy**.

정부는 국민들에게 사재기를 하지 말라고 요구하고 있다.

17 ☐☐☐

싸게 사서 비싸게 팔다

buy cheap and sell dear

Do they **buy cheap and sell dear**?

그들은 싸게 사서 비싸게 파나요?

18 ☐☐☐

도매로 사서 소매로 팔다

buy wholesale and sell retail

The man **buys wholesale and sells retail**.

그 남자는 도매로 사서 소매로 판다.

19 ☐☐☐

재고정리 할인판매를 하다

have a clearance sale

The department store is going to **have a clearance sale**.

그 백화점은 재고정리 할인판매 할 예정이야.

어휘 사전
*****clearance** (불필요한 것) 없애기

20 ☐☐☐

원 플러스 원(1+1)

two for one sale

Is this **two for one sale**?

이것은 원 플러스 원인가요?

Day 35

REVIEW TEST 1

 주어진 우리말을 영어로 말해보고, 틀린 표현이 있다면 체크하세요.

☐ 가격이 ~다

☐ ~에 가격을 매기다

☐ 값을 올리다/내리다

☐ (너무 싸서) 공짜나 마찬가지다

☐ 공짜로

☐ ~을 싸게 사다

☐ 가격동결/인하

☐ ~가 지불할 수 있는 범위 내/밖의 가격이다

☐ 바가지를 씌우다

☐ 바가지를 쓰다

☐ 속아서 잘못 사다

☐ 값을 깎다, 흥정하다

☐ ~에게 값을 깎아주다

☐ 정찰제를 엄격히 지키다

☐ 정찰제로 판매하다

☐ ~을 사재기하다

☐ 싸게 사서 비싸게 팔다

☐ 도매로 사서 소매로 팔다

☐ 재고정리 할인판매를 하다

☐ 원 플러스 원(1+1)

REVIEW TEST 2

 주어진 우리말을 영어로 말해보고, 틀린 표현이 있다면 체크하세요.

- ☐ 이 노트북은 가격이 999달러다.
- ☐ 여기 모든 물건에 누가 가격을 매기는가요?
- ☐ 나는 가격을 조금 올리고/내리고 싶어.
- ☐ 그건 공짜나 마찬가지야.
- ☐ 나는 그것을 공짜로 얻었어.
- ☐ 누구든 싸게 사고 싶어 하지.
- ☐ 가격동결/인하가 가능할까요?
- ☐ 1,000달러는 내가 지불할 수 있는 범위 내/밖의 가격이다.
- ☐ 어떤 관광지에서 그들은 관광객들에게 바가지를 씌운다.
- ☐ 나 또 바가지를 썼어.

- ☐ 너 지금까지 속아서 물건을 산 적이 있어?
- ☐ 그는 자신의 아내가 값을 깎는 것을 원하지 않는다.
- ☐ 제가 이것에 대해 값을 왕창 깎아드리지요.
- ☐ 대부분의 가게는 정찰제를 엄격히 지킨다.
- ☐ 대부분의 가게는 정찰제로 판매한다.
- ☐ 정부는 국민들에게 사재기를 하지 말라고 요구하고 있다.
- ☐ 그들은 싸게 사서 비싸게 파나요?
- ☐ 그 남자는 도매로 사서 소매로 판다.
- ☐ 그 백화점은 재고정리 할인판매 할 예정이야.
- ☐ 이것은 원 플러스 원인가요?

DAY 36 가격, 협상

01 ☐☐☐
손해보고(밑지고) 팔다

sell at a loss
= sell below(=under) cost
= sell to disadvantage

Most merchants say they **sell at a loss**.
대부분의 상인들은 밑지고 판다고 말한다.

02 ☐☐☐
본전에 팔다

sell at cost
= sell without profit

Most sellers say they **sell at cost**.
대부분의 판매자들은 본전에 판다고 말한다.

03 ☐☐☐
폭리를 취하다

profiteer
= make undue(=unreasonable) profit

Profiteering should not be allowed.
폭리를 취하는 것은 허용되어서는 안 된다.

04 ☐☐☐
집에 앉아서 쇼핑을 하다

do shopping sitting right at home

She enjoys **doing shopping sitting right at home**.
그녀는 집에 앉아서 쇼핑하는 것을 즐긴다.

05 ☐☐☐
~을 홈쇼핑에서 사다

buy something from a home shopping network

She **buys** almost **everything from a home shopping network**.
그녀는 거의 모든 것을 홈쇼핑에서 산다.

06 ☐☐☐
~을 충동구매하다

buy something on impulse

I knew I was **buying it on impulse**.
나는 내가 그것을 충동구매하고 있다는 것을 알았다.

> 어휘 사전
> *impulse 충동   *on impulse 충동적으로

07 ☐☐☐
공동 구매를 하다

make a joint purchase
= put in a joint order

Some people **make joint purchases** of furniture.
어떤 사람들은 가구를 공동 구매한다.

08 ☐☐☐
~을 (무이자) 할부로 사다

buy something on the (interest-free) installment plan

My uncle **bought the laptop on the installment plan**.
내 삼촌은 그 노트북을 할부로 샀다.

09 ☐☐☐
일시불로 결제하다

pay in full
= pay in a lump sum

Would you like to **pay in full** or in installments?
일시불로 결제하시겠습니까? 할부로 결제하시겠습니까?

10 ☐☐☐
선불카드로 결제하다

pay with a prepaid card

I will **pay with a prepaid card**.
난 선불카드로 결제할 거야.

> 어휘 사전
> *prepaid card 선불카드

11 ☐☐☐

법인/제휴카드로 결제하다

pay with the company/associated card

My boss **paid with the company card**.

내 상사는 법인카드로 결제를 했다.

12 ☐☐☐

스캐너에 대고 핸드폰으로 결제하다

scan one's phone to pay

You can **scan your phone to pay**.

스캐너에 대고 핸드폰으로 결제할 수 있습니다.

13 ☐☐☐

삼성페이/애플페이로 결제하다

pay with Samsung Pay/Apple Pay

Do you know how to **pay with Samsung Pay**?

너 삼성페이로 결제하는 방법을 아니?

14 ☐☐☐

현금영수증을 요구하다

ask for a cash receipt

My boss **asked for a cash receipt**.

내 상사는 현금영수증을 요구했다.

15 ☐☐☐

제품에 대한 할인을 받기 위해 할인쿠폰을 사용하다

use the off coupon services to gain discounts on the products

May I **use the off coupon to gain discounts on the products**?

이 제품들에 대해 할인 받기 위해 할인쿠폰을 사용할 수 있나요?

16
발품을 팔다 / 발품을 덜다

do legwork / save legwork

Doing legwork for better prices is ok.
더 좋은 가격에 사기 위해 발품을 파는 것은 좋다.

It can **save your legwork**.
그것은 당신의 발품을 덜어줄 수 있다.

17
구미가 당기게 거래를 제안하다

sweeten the deal

They **sweetened the deal** by giving some more discount on it.
그들은 그것에 대해 더 많은 할인을 해줌으로써 구미가 당기도록 거래를 제안했다.

어휘 사전
*sweeten 감언이설을 하다, 회유하다 *deal 거래

18
값을 내리다, 깎아주다

go down on the price

Can you **go down on the price** a little more?
조금 더 깎아주실 수 있나요?

19
값을 많이 깎아주다

drop the price long way down

He suggested **dropping the price long way down**.
그는 값을 많이 깎아주겠다고 제안했다.

20
~을 덤으로 주다

throw in
= give something added as a bonus or supplement

Can you **throw in** a few more?
몇 개 더 덤으로 주실 수 있나요?

Day 36 253

REVIEW TEST 1

 주어진 우리말을 영어로 말해보고, 틀린 표현이 있다면 체크하세요.

☐ 손해보고(밑지고) 팔다

☐ 본전에 팔다

☐ 폭리를 취하다

☐ 집에 앉아서 쇼핑을 하다

☐ ~을 홈쇼핑에서 사다

☐ ~을 충동구매하다

☐ 공동 구매를 하다

☐ ~을 (무이자) 할부로 사다

☐ 일시불로 결제하다

☐ 선불카드로 결제하다

☐ 법인/제휴카드로 결제하다

☐ 스캐너에 대고 핸드폰으로 결제하다

☐ 삼성페이/애플페이로 결제하다

☐ 현금영수증을 요구하다

☐ 제품에 대한 할인을 받기 위해 할인쿠폰을 사용하다

☐ 발품을 팔다/발품을 덜다

☐ 구미가 당기게 거래를 제안하다

☐ 값을 내리다, 깎아주다

☐ 값을 많이 깎아주다

☐ ~을 덤으로 주다

REVIEW TEST 2

 주어진 우리말을 영어로 말해보고, 틀린 표현이 있다면 체크하세요.

- ☐ 대부분의 상인들은 밑지고 판다고 말한다.
- ☐ 대부분의 판매자들은 본전에 판다고 말한다.
- ☐ 폭리를 취하는 것은 허용되어서는 안 된다.
- ☐ 그녀는 집에 앉아서 쇼핑하는 것을 즐긴다.
- ☐ 그녀는 거의 모든 것을 홈쇼핑에서 산다.
- ☐ 나는 내가 그것을 충동구매하고 있다는 것을 알았다.
- ☐ 어떤 사람들은 가구를 공동 구매한다.
- ☐ 내 삼촌은 그 노트북을 할부로 샀다.
- ☐ 일시불로 결제하시겠습니까? 할부로 결제하시겠습니까?
- ☐ 난 선불카드로 결제할 거야.
- ☐ 내 상사는 법인카드로 결제를 했다.
- ☐ 스캐너에 대고 핸드폰으로 결제할 수 있습니다.
- ☐ 너 삼성페이로 결제하는 방법을 아니?
- ☐ 내 상사는 현금영수증을 요구했다.
- ☐ 이 제품들에 대해 할인 받기 위해 할인쿠폰을 사용할 수 있나요?
- ☐ 더 좋은 가격에 사기 위해 발품을 파는 것은 좋다.
- ☐ 그들은 그것에 대해 더 많은 할인을 해줌으로써 구미가 당기도록 거래를 제안했다.
- ☐ 조금 더 깎아주실 수 있나요?
- ☐ 그는 값을 많이 깎아주셨다고 제안했다.
- ☐ 몇 개 더 덤으로 주실 수 있나요?

DAY 37 가격, 협상

01 ☐☐☐

~에 대해 할인을 받다

get(=receive) a discount on

Can I **get(=receive) a discount on** it?

할인 해주실 수(깎아주실 수) 있나요?

02 ☐☐☐

거래하다, 타협하다

cut a deal
= negotiate an agreement

We are not ready to **cut a deal** yet.

우리는 아직 거래(타협)할 준비가 안 되었다.

> 어휘 사전
> *negotiate 협상하다   *agreement 합의, 동의

03 ☐☐☐

A와 타협을 하다

meet A half way

Let's **meet each other half way**.

서로 타협을 하시지요.

04 ☐☐☐

합의, 의견의 일치

meeting of the minds

Finally, we have come to **meeting of the minds**.

마침내, 우리는 의견의 일치를 보았다.

05 ☐☐☐

~에게 양보하다(물러나다)

give ground to
= step back before superior force

I had to **give ground to** them to cut a deal.

나는 거래를 위해 그들에게 양보를 할 수밖에 없었어.

06 ☐☐☐
이제 마무리 지으시지요.

Let's wrap this up.

> 어휘 사전
> *wrap up 마무리짓다

07 ☐☐☐
거래를 마무리 짓다 (성사시키다)

close the deal
= make an agreement official

It's time to **close the deal**.
거래를 마무리 지을 시간입니다.

08 ☐☐☐
거래를 성사시키지 못하다

lose out on a deal

We tried hard but **lost out on a deal**.
우리는 열심히 노력했지만, 거래를 성사시키지 못했다.

09 ☐☐☐
공통관심사, 타협점

common ground

We will find **common ground** first.
우리는 먼저 타협점을 찾을 것이다.

> 어휘 사전
> *common 공동의, 공통의   *ground 분야, 배경

10 ☐☐☐
성패가 달려있는, 위태로운

be at stake
= be in jeopardy

All his money **is at stake**.
그의 모든 돈이 위태롭다.

> 어휘 사전
> *stake 화형대, 지분   *jeopardy 위험

11 ☐☐☐

상황을 주도하다 (압도하다)

hold all the cards

She wants to **hold all the cards**.

그녀는 상황을 주도하고 싶어 한다.

12 ☐☐☐

속내를 밝히다

lay one's cards on the table

Why don't you **lay your cards on the table** now?

이제 속내를 밝히는 것이 어떻겠어?

13 ☐☐☐

(결정 등을 하지 않고) 관망하다

be on the fence

He **is on the fence** now.

그는 지금 관망중이야.

> 어휘 사전
> *****fence** 울타리

14 ☐☐☐

비장의 수(으뜸 패)를 쓰다

play one's trump card

I am ready to **play my trump card** when necessary.

나는 필요시 비장의 카드를 쓸 준비가 되어 있어.

15 ☐☐☐

비책을 가지고 있다

have an ace up one's sleeve

Don't forget I **have an ace up my sleeve**.

나에게는 비책이 있다는 것을 잊지 마라.

> 어휘 사전
> *****sleeve** 소매

16 ☐☐☐

~를 마음대로 요리하다

eat someone alive

Do you think you can **eat him alive**?
너는 네가 그를 마음대로 요리할 수 있다고 생각해?

17 ☐☐☐

후퇴(퇴각)하다

back down

I won't **back down**.
나는 후퇴(퇴각)하지 않을 거야.

18 ☐☐☐

옥신각신 끝에

after back and forth

After back and forth, they decided to back down.
그들은 옥신각신 끝에 물러서기로 결정했다.

19 ☐☐☐

~을 어기다(저버리다)

go back on

His problem is to **go back on** his words.
그는 자신의 말을 어기는 것이 문제야.

20 ☐☐☐

~와 다투다, 대립하다

lock horns with
= come into conflict with

I don't want to **lock horns with** you any more.
나 더 이상 너와 다투고 싶지 않아.

어휘 사전
*horn 뿔   *conflict 갈등, 충돌

REVIEW TEST 1

주어진 우리말을 영어로 말해보고, 틀린 표현이 있다면 체크하세요.

- ☐ ~에 대해 할인을 받다
- ☐ 거래하다, 타협하다
- ☐ A와 타협을 하다
- ☐ 합의, 의견의 일치
- ☐ ~에게 양보하다(물러나다)
- ☐ 이제 마무리 지으시지요.
- ☐ 거래를 마무리 짓다(성사시키다)
- ☐ 거래를 성사시키지 못하다
- ☐ 공통관심사, 타협점
- ☐ 성패가 달려있는, 위태로운

- ☐ 상황을 주도하다(압도하다)
- ☐ 속내를 밝히다
- ☐ (결정 등을 하지 않고) 관망하다
- ☐ 비장의 수(으뜸 패)를 쓰다
- ☐ 비책을 가지고 있다
- ☐ ~를 마음대로 요리하다
- ☐ 후퇴(퇴각)하다
- ☐ 옥신각신 끝에
- ☐ ~을 어기다(저버리다)
- ☐ ~와 다투다, 대립하다

REVIEW TEST 2

 주어진 우리말을 영어로 말해보고, 틀린 표현이 있다면 체크하세요.

- ☐ 할인 해주실 수(깎아주실 수) 있나요?
- ☐ 우리는 아직 거래(타협)할 준비가 안 되었다.
- ☐ 서로 타협을 하시지요.
- ☐ 마침내, 우리는 의견의 일치를 보았다.
- ☐ 나는 거래를 위해 그들에게 양보를 할 수밖에 없었어.
- ☐ 이제 마무리 지으시지요.
- ☐ 거래를 마무리 지을 시간입니다.
- ☐ 우리는 열심히 노력했지만, 거래를 성사시키지 못했다.
- ☐ 우리는 먼저 타협점을 찾을 것이다.
- ☐ 그의 모든 돈이 위태롭다.

- ☐ 그녀는 상황을 주도하고 싶어 한다.
- ☐ 이제 속내를 밝히는 것이 어떻겠어?
- ☐ 그는 지금 관망중이야.
- ☐ 나는 필요시 비장의 카드를 쓸 준비가 되어 있어.
- ☐ 나에게는 비책이 있다는 것을 잊지 마라.
- ☐ 너는 네가 그를 마음대로 요리할 수 있다고 생각해?
- ☐ 나는 후퇴(퇴각)하지 않을 거야.
- ☐ 그들은 옥신각신 끝에 물러서기로 결정했다.
- ☐ 그는 자신의 말을 어기는 것이 문제야.
- ☐ 나 더 이상 너와 다투고 싶지 않아.

DAY 38 가격, 협상

01 ☐☐☐
단호히 반대하다

put one's foot down
= take a firm stand

I will tell them I **put my foot down**.
나는 그들에게 단호히 반대한다고 말할 것이다.

02 ☐☐☐
~의 결점(문제)를 지적하다

pick holes in

Their job is to **pick holes in** his ideas.
그들이 하는 일은 그의 생각에 대해 문제를 지적하는 것이야.

03 ☐☐☐
강경 수단을 쓰다, 수단과 방법을 가리지 않다

play hardball

There are some people who **play hardball**.
수단과 방법을 가리지 않는 사람들이 있다.

04 ☐☐☐
(협상 등에서) 세게 밀어붙이다

drive(=strike) a hard bargain

Driving(=Striking) a hard bargain is not the best choice.
세게 밀어붙이는 것이 능사는 아니야.

05 ☐☐☐
자기주장을 고집하다, 버티다

stand one's ground
= stick to one's guns
= not change one's position

He won't give up **standing his ground**.
그는 자기주장을 고집할 것이다.

06 ☐☐☐
불리한 입장에 처하다

get the short end of the stick
I **got the short end of the stick** at the last deal.
난 마지막 거래에서 불리한 입장에 처했다.

07 ☐☐☐
완전 실패로 돌아가다

go over like a lead balloon
All his plans **have gone over like a lead balloon**.
그의 모든 계획은 완전 실패로 돌아갔다.

08 ☐☐☐
(강력히 반대하던 것에) 응하다(굴복하다)

cave in to
= give up and stop resisting

The labor union **caved in to** the company's new policy.
노조는 회사의 새 정책에 굴복했다.

09 ☐☐☐
(감정에 휘둘리지 않는) 냉철한, 타협을 모르는

hard-nosed
I am not **a hard-nosed** person.
나는 타협을 모르는 사람이 아니야.

10 ☐☐☐
그게 최종 제안 가격인가요?

Is that the best you can do?

11 ☐☐☐

현금가격은 얼마인가요?

What would be your cash price?

12 ☐☐☐

얼마가 깎아주실 수 있으세요?

How far can you come down in price to meet me?

13 ☐☐☐

내 눈에 흙이 들어갈 때까지는 절대로 안 돼!

Over my dead body!

14 ☐☐☐

제가 지불할 수 있는 최대치는 ~입니다.

All I have in my budget is ~

All I have in my budget is 100 dollars.
제가 지불할 수 있는 최대치는 100달러입니다.

15 ☐☐☐

당신이 원하는 가격을 말해 보세요.

Name your price.

16 ☐☐☐

**협상이 틀어지다
(결렬되다)**

negotiations break down

Unfortunately, their **negotiations broke down**.

불행히도, 그들의 협상은 결렬되었다.

> 어휘 사전
> *negotiation 협상   *break down 고장나다, 실패하다

17 ☐☐☐

협상이 급진전되다

negotiations make a rapid progress

Unexpectedly, **the negotiations have made a rapid progress**.

뜻밖으로, 협상이 급진전되었다.

18 ☐☐☐

협상이 교착상태에 빠지다

negotiations reach stalemate
= negotiations come to a deadlock

No one wants **the negotiations to reach stalemate(=to come to a deadlock)**.

누구도 협상이 교착상태에 빠지기를 원하지 않는다.

> 어휘 사전
> *reach ~에 이르다   *stalemate 교착상태

19 ☐☐☐

협상장을 박차고 나오다

walk away from(=storm out of) the negotiation table

They didn't want to **walk away from(=storm out of) the negotiation table**.

그들은 협상장을 박차고 나오기를 원치 않았다.

20 ☐☐☐

이미 끝난 일을 다시 문제 삼다

beat the dead horse

It's foolish to **beat the dead horse**.

이미 끝난 일을 다시 문제 삼는 것은 어리석은 일이다.

REVIEW TEST 1

 주어진 우리말을 영어로 말해보고, 틀린 표현이 있다면 체크하세요.

- ☐ 단호히 반대하다
- ☐ ~의 결점(문제)를 지적하다
- ☐ 강경 수단을 쓰다, 수단과 방법을 가리지 않다
- ☐ (협상 등에서) 세게 밀어붙이다
- ☐ 자기주장을 고집하다, 버티다
- ☐ 불리한 입장에 처하다
- ☐ 완전 실패로 돌아가다
- ☐ (강력히 반대하던 것에) 응하다(굴복하다)
- ☐ (감정에 휘둘리지 않는) 냉철한, 타협을 모르는
- ☐ 그게 최종 제안 가격인가요?

- ☐ 현금가격은 얼마인가요?
- ☐ 얼마가 깎아주실 수 있으세요?
- ☐ 내 눈에 흙이 들어갈 때까지는 절대로 안 돼!
- ☐ 제가 지불할 수 있는 최대치는 ~ 입니다.
- ☐ 당신이 원하는 가격을 말해 보세요.
- ☐ 협상이 틀어지다(결렬되다)
- ☐ 협상이 급진전되다
- ☐ 협상이 교착상태에 빠지다
- ☐ 협상장을 박차고 나오다
- ☐ 이미 끝난 일을 다시 문제 삼다

REVIEW TEST 2

 주어진 우리말을 영어로 말해보고, 틀린 표현이 있다면 체크하세요.

- ☐ 나는 그들에게 단호히 반대한다고 말할 것이다.
- ☐ 그들이 하는 일은 그의 생각에 대해 문제를 지적하는 것이야.
- ☐ 수단과 방법을 가리지 않는 사람들이 있다.
- ☐ 세게 밀어붙이는 것이 능사는 아니야.
- ☐ 그는 자기주장을 고집할 것이다.
- ☐ 난 마지막 거래에서 불리한 입장에 처했다.
- ☐ 그의 모든 계획은 완전 실패로 돌아갔다.
- ☐ 노조는 회사의 새 정책에 굴복했다.
- ☐ 나는 타협을 모르는 사람이 아니야.
- ☐ 그게 최종 제안 가격인가요?
- ☐ 현금가격은 얼마인가요?
- ☐ 얼마가 깎아주실 수 있으세요?
- ☐ 내 눈에 흙이 들어갈 때까지는 절대로 안 돼!
- ☐ 제가 지불할 수 있는 최대치는 100달러입니다.
- ☐ 당신이 원하는 가격을 말해 보세요.
- ☐ 불행히도, 그들의 협상은 결렬되었다.
- ☐ 뜻밖으로, 협상이 급진전되었다.
- ☐ 누구도 협상이 교착상태에 빠지기를 원하지 않는다.
- ☐ 그들은 협상장을 박차고 나오기를 원치 않았다.
- ☐ 이미 끝난 일을 다시 문제 삼는 것은 어리석은 일이다.

BONUS STAGE

✓ 관련 어휘 및 표현

- ☐ 예산 — budget
- ☐ 거래 — deal
- ☐ (특히 물건 값에 대해) 실랑이를 벌이다, 흥정을 하다 — haggle
- ☐ 수량 — quantity
- ☐ 무게 — weight
- ☐ 면적, 치수 — dimension
- ☐ 재고 있음 — in stock
- ☐ 재고 없음 — out of stock
- ☐ 품절된, 매진된 — sold out
- ☐ 팔려고 내놓은 — for sale
- ☐ 세일 중 — on sale
- ☐ 50% 세일 — half-off sale
- ☐ 특별 세일 — special bargain
- ☐ 업계최저가 — unbeatable price
- ☐ 할인, 할인하다 — discount

☐ 적당한 가격	reasonable price
☐ 판매자가 원하는 가격, 호가	asking price
☐ 구매 권유	sales pitch
☐ 싼/비싼	cheap/expensive
☐ 소매가	retail price
☐ 소매업자	retailer
☐ 도매가	wholesale price
☐ 도매업자	wholesaler
☐ 정찰제	fixed price
☐ 경매	auction
☐ 입찰, 입찰하다, 값을 부르다	bid
☐ 진품인	genuine = authentic
☐ 모조의	fake
☐ 환불, 환불하다	refund
☐ 요금, 청구하다	charge
☐ 상품 할인권	voucher
☐ (쿠폰, 상품권 등을) 상품(현금)으로 바꾸다	redeem
☐ 단골	regular customer = frequenter
☐ 협상하다	negotiate
☐ 제안하다	suggest
☐ 중고품	second-hand goods

PART 9
시간

DAY 39 시간

01 ☐☐☐
새해를 맞이하다

ring in the new year
Let's **ring in the new year** together.
우리 새해를 같이 맞이하자.

02 ☐☐☐
막판에, 마지막 순간에

at the eleventh hour
They reached an agreement **at the eleventh hour**.
그들은 막판에 합의에 이르렀다.

03 ☐☐☐
안 하는 것 보다는 늦게라도 하는 것이 낫다

be better late than never
I think it**'s better late than never**.
나는 안 하는 것 보다는 늦게라도 하는 것이 낫다고 생각해.

04 ☐☐☐
촌각을 다투다

race(=work) against the clock
= cannot afford a moment's delay
He is **racing against the clock** to meet the deadline.
그는 마감 기한을 맞추기 위해 촌각을 다투고 있다.

05 ☐☐☐
꾸물거릴 시간이 없다

have no time to lose
We **have no time to lose**.
우리 꾸물거릴 시간이 없어.

06 ☐☐☐
시간이 남아돌다

have too much time on one's hands

I **have too much time on my hands**.
나 시간이 남아돌아.

07 ☐☐☐
~가 한가할 때

in one's free(=spare) time

I can help you **in my free time**.
내가 한가할 때 너를 도와줄 수 있어.

08 ☐☐☐
시간을 때우다

kill time

I don't know how to **kill time**.
나는 시간을 어떻게 때워야 할지 모르겠어.

09 ☐☐☐
(이미 이루어진 것을 다시 하느라)
쓸데없이 시간을 낭비하다

reinvent the wheel

I really hate to **reinvent the wheel**.
나는 쓸데없이 시간을 낭비하는 것을 굉장히 싫어해.

> **어휘 사전**
> *reinvent 재발명하다   *wheel 바퀴

10 ☐☐☐
시간을 벌다

buy(=earn) time
= play for time

She kept on talking to **buy time**.
그녀는 시간을 벌기 위해 계속 이야기했다.

11 ☐☐☐

(경기 종료가 가까운 무렵에 앞선 팀이 상대팀이 득점하지 못하게)
공을 가지고 시간을 끌다

run down(=out) the clock

The player is **running down the clock**.

저 선수는 시간을 끌고 있어.

12 ☐☐☐

짬을 내다, 휴가를 내다

take some time off

I want to **take some time off** to get recharged.

나는 재충전을 위해 다음 달에 휴가를 내고 싶어.

13 ☐☐☐

즐거운 시간을 보내다

have a whale of time
= have the time of one's life

We **had a whale of time** together.

우리는 함께 즐거운 시간을 보냈다.

14 ☐☐☐

시간가는 줄 모르다

lose track of the time

I sometimes **lose track of the time** playing computer games.

나는 가끔 컴퓨터 게임을 하느라 시간가는 줄 모르겠어.

15 ☐☐☐

잃어버린 시간을 만회하다

(무엇을 더 일찍 시작하지 않은 것이 후회스러워서 더 빨리·자주 한다는 뜻)

make up for lost time

We had to hurry to **make up for lost time**.

우리는 잃어버린 시간을 만회하기 위해 서둘러야 했다.

16 ☐☐☐
시간이 지나면서

as time goes by

Things will get easier **as time goes by**.
시간이 지나면서 일이 더 수월해질 거야.

17 ☐☐☐
시간이 다 되다

run out of time

We're **running out of time**.
우리 시간이 없어.

18 ☐☐☐
시간(세월)이 약이다.

Time heals all wounds.

Time heals all wounds, buddy.
시간이 해결해 줄 거야, 친구야.

> 어휘 사전
> *heal 치료하다   *wound 상처

19 ☐☐☐
시간이 지나면 알게 될 것이다.

Only time will tell.

A : Will he succeed?
B : **Only time will tell**.
A : 그는 성공할까?
B : 시간이 지나면 알게 되겠지.

20 ☐☐☐
다 때가 있다.

All in good time.

Be patient. **All in good time**.
인내심을 가져. 다 때가 있는 법이야.

REVIEW TEST 1

 주어진 우리말을 영어로 말해보고, 틀린 표현이 있다면 체크하세요.

- ☐ 새해를 맞이하다
- ☐ 막판에, 마지막 순간에
- ☐ 안 하는 것 보다는 늦게라도 하는 것이 낫다
- ☐ 촌각을 다투다
- ☐ 꾸물거릴 시간이 없다
- ☐ 시간이 남아돌다
- ☐ ~가 한가할 때
- ☐ 시간을 때우다
- ☐ (이미 이루어진 것을 다시 하느라) 쓸데없이 시간을 낭비하다
- ☐ 시간을 벌다

- ☐ (경기 종료가 가까운 무렵에 앞선 팀이 상대팀이 득점하지 못하게) 공을 가지고 시간을 끌다
- ☐ 짬을 내다, 휴가를 내다
- ☐ 즐거운 시간을 보내다
- ☐ 시간가는 줄 모르다
- ☐ 잃어버린 시간을 만회하다(무엇을 더 일찍 시작하지 않은 것이 후회스러워서 더 빨리·자주 한다는 뜻)
- ☐ 시간이 지나면서
- ☐ 시간이 다 되다
- ☐ 시간(세월)이 약이다.
- ☐ 시간이 지나면 알게 될 것이다.
- ☐ 다 때가 있다.

REVIEW TEST 2

 주어진 우리말을 영어로 말해보고, 틀린 표현이 있다면 체크하세요.

☐ 우리 새해를 같이 맞이하자.

☐ 그들은 막판에 합의에 이르렀다.

☐ 나는 안 하는 것 보다는 늦게라도 하는 것이 낫다고 생각해.

☐ 그는 마감 기한을 맞추기 위해 촌각을 다투고 있다.

☐ 우리 꾸물거릴 시간이 없어.

☐ 나 시간이 남아돌아.

☐ 내가 한가할 때 너를 도와줄 수 있어.

☐ 나는 시간을 어떻게 때워야 할지 모르겠어.

☐ 나는 쓸데없이 시간을 낭비하는 것을 굉장히 싫어해.

☐ 그녀는 시간을 벌기 위해 계속 이야기했다.

☐ 저 선수는 시간을 끌고 있어.

☐ 나는 재충전을 위해 다음 달에 휴가를 내고 싶어.

☐ 우리는 함께 즐거운 시간을 보냈다.

☐ 나는 가끔 컴퓨터 게임을 하느라 시간가는 줄 모르겠어.

☐ 우리는 잃어버린 시간을 만회하기 위해 서둘러야 했다.

☐ 시간이 지나면서 일이 더 수월해질 거야.

☐ 우리 시간이 없어.

☐ 시간이 해결해 줄 거야, 친구야.

☐ 시간이 지나면 알게 되겠지.

☐ 인내심을 가져. 다 때가 있는 법이야.

DAY 40 시간

01 ☐☐☐
때가 무르익으면, 적절한 때

when the time is ripe
I'll talk to her again **when the time is ripe**.
때가 무르익으면, 나는 그녀에게 다시 말을 걸 것이다.

02 ☐☐☐
이미 기차는 떠났다, 이미 기회는 날아갔다.

The(=That) ship has sailed.
You should have hurried up. **The ship has sailed**.
너는 서둘러야했어. 이미 기차는 떠났거든.

03 ☐☐☐
시간을 되돌리다, 과거로 돌아가다

turn back time
If I could **turn back time**, I want to hit the book.
시간을 되돌릴 수 있다면, 나는 열심히 공부하고 싶다.

04 ☐☐☐
시대(유행)를 앞서다

be ahead of the curve
I like to **be ahead of the curve**.
나는 시대를 앞서는 것이 좋아.

05 ☐☐☐
시대(유행)에 뒤처지다

be behind the curve
= be behind the times
= be old-fashioned
My grandfather **is behind the curve**.
우리 할아버지는 시대에 뒤처지신다.

06 ☐☐☐
미리, 사전에

ahead of time

We arrived at the destination 5 minutes **ahead of time**.
우리는 목적지에 5분 일찍 도착했다.

07 ☐☐☐
시간 전에 끝마치다

beat the clock

You should **beat the clock**.
너는 시간 전에 끝마쳐야 해.

어휘 사전
*beat 이기다, 때리다

08 ☐☐☐
~이 오래가지 못할 것이다, 얼마 남지 않았다

someone's/something's days are numbered

Her days are numbered.
그녀의 인생은 얼마 남지 않았다.

09 ☐☐☐
오늘은 있어도 내일은 없다, 곧 사라지다

be here today, gone tomorrow

This sale price **is here today, gone tomorrow**.
세일가는 오늘까지입니다.

10 ☐☐☐
아슬아슬하게, 겨우 시간에 맞춰

in the nick of time

He got to the bus stop **in the nick of time**.
그는 아슬아슬하게 버스 정류장에 도착했다.

11 ☐☐☐
눈 깜짝할 사이에

in the blink of an eye

He disappeared **in the blink of an eye**.

그는 눈 깜짝할 사이에 사라졌다.

> **어휘 사전**
> *blink 눈을 깜빡거림

12 ☐☐☐
그 사이에, 그 중간에

in the interim

I will continue in the current job **in the interim** because my new job doesn't start until next month.

내 새 직장은 다음 달은 되어야 시작되므로 그 사이에는 현 직장을 다닐 것이다.

> **어휘 사전**
> *interim 중간의

13 ☐☐☐
결국에는, 장기적으로는

in the long run

It will be better for you **in the long run**.

그것은 장기적으로 너에게 좋을 거야.

14 ☐☐☐
상당히 오랜 시간

a month of Sundays

It will take **a month of Sundays** for the wounds to heal.

그 상처가 치유되는 데는 상당히 오랜 시간이 걸릴 거야.

15 ☐☐☐
아주 오래 전으로 거슬러 올라가다

go back Donkey's years

The story **goes back Donkey's years**.

그 이야기는 아주 오래 전으로 거슬러 올라간다.

16 ☐☐☐
정말 오랜만이다.

Long time no see.

Long time no see!
How have you been?
정말 오랜만이다!
그동안 어떻게 지냈어?

17 ☐☐☐
과거에 연연하다

dwell on the past

Please, stop **dwelling on the past**.
제발 그만 과거에 연연해.

> 어휘 사전
> *dwell on ~을 곱씹다   *past 과거

18 ☐☐☐
예전에
(과거의 좋은 일에 대해 회상할 때 주로 씀)

back in the day

The singer was popular **back in the day**.
그 가수는 예전에 인기가 있었다.

19 ☐☐☐
아주 오래 전부터

since time immemorial

Since time immemorial, they have eaten kimchi.
아주 오래 전부터 그들은 김치를 먹어왔다.

> 어휘 사전
> *immemorial 태곳적부터의

20 ☐☐☐
시간은 내 편이다/
누구 편도 아니다.

Time is on my side/no one's side.

Keep in mind that **time is no one's side**.
시간은 누구 편도 아니라는 것을 명심해.

> 어휘 사전
> *keep in mind 태~을 명심하다

REVIEW TEST 1

주어진 우리말을 영어로 말해보고, 틀린 표현이 있다면 체크하세요.

- [ ] 때가 무르익으면, 적절한 때
- [ ] 이미 기차는 떠났다, 이미 기회는 날아갔다.
- [ ] 시간을 되돌리다, 과거로 돌아가다
- [ ] 시대(유행)를 앞서다
- [ ] 시대(유행)에 뒤처지다
- [ ] 미리, 사전에
- [ ] 시간 전에 끝마치다
- [ ] ~이 오래가지 못할 것이다, 얼마 남지 않았다
- [ ] 오늘은 있어도 내일은 없다, 곧 사라지다
- [ ] 아슬아슬하게, 겨우 시간에 맞춰

- [ ] 눈 깜짝할 사이에
- [ ] 그 사이에, 그 중간에
- [ ] 결국에는, 장기적으로는
- [ ] 상당히 오랜 시간
- [ ] 아주 오래 전으로 거슬러 올라가다
- [ ] 정말 오랜만이다.
- [ ] 과거에 연연하다
- [ ] 예전에
  (과거의 좋은 일에 대해 회상할 때 주로 씀)
- [ ] 아주 오래 전부터
- [ ] 시간은 내 편이다/누구 편도 아니다.

REVIEW TEST 2

 주어진 우리말을 영어로 말해보고, 틀린 표현이 있다면 체크하세요.

- ☐ 때가 무르익으면, 나는 그녀에게 다시 말을 걸 것이다.
- ☐ 너는 서둘러야했어. 이미 기차는 떠났거든.
- ☐ 시간을 되돌릴 수 있다면, 나는 열심히 공부하고 싶다.
- ☐ 나는 시대를 앞서는 것이 좋아.
- ☐ 우리 할아버지는 시대에 뒤처지신다.
- ☐ 우리는 목적지에 5분 일찍 도착했다.
- ☐ 너는 시간 전에 끝마쳐야 해.
- ☐ 그녀의 인생은 얼마 남지 않았다.
- ☐ 세일가는 오늘까지입니다.
- ☐ 그는 아슬아슬하게 버스 정류장에 도착했다.
- ☐ 그는 눈 깜짝할 사이에 사라졌다.
- ☐ 내 새 직장은 다음 달은 되어야 시작되므로 그 사이에는 현 직장을 다닐 것이다.
- ☐ 그것은 장기적으로 너에게 좋을 거야.
- ☐ 그 상처가 치유되는 데는 상당히 오랜 시간이 걸릴 거야.
- ☐ 그 이야기는 아주 오래 전으로 거슬러 올라간다.
- ☐ 정말 오랜만이다! 그동안 어떻게 지냈어?
- ☐ 제발 그만 과거에 연연해.
- ☐ 그 가수는 예전에 인기가 있었다.
- ☐ 아주 오래 전부터 그들은 김치를 먹어왔다.
- ☐ 시간은 누구 편도 아니라는 것을 명심해.

Day 40

BONUS STAGE

✓ 관련 어휘를 활용한 표현

- [ ] 삼세번만의 행운이다. — Third time's a charm.
- [ ] 나날이, 조금씩 — day by day
- [ ] (흥행 따위가) 히트하다, 대성공을 거두다 — hit the big time
- [ ] 아직 완벽하지 못하다 — be not still ready for prime time
- [ ] 여유를 가져, 천천히 해. — Take your time.
- [ ] 고도의 긴장이 요구되는 때 — crunch time
- [ ] 부적절한 시간에 부적절한 장소에 있다 — be in the wrong place at the wrong time
- [ ] 몇 번이고, 누차 — time after time
- [ ] 하루의 일을 끝내다 — call it a day
- [ ] 승리하다, 성공하다 — carry the day
- [ ] 결국 가장 중요한 것은, 하루가 끝날 때쯤에 — at the end of the day
- [ ] 현실적으로 냉정히 따져 보면 — (seen in the) cold light of day
- [ ] 좋은 기회를 놓치지 않다 — seize the day
- [ ] 주변으로부터 관심을 받고 인정받다 — have one's day in the sun

☐ 애송이가 아니다	be not born yesterday
☐ 마치 내일 따위는 없다는 듯이	like there is no tomorrow
☐ 평생가도 절대로 ~하지 않을 것이다	never in a month of Sundays
☐ 정신 이상인, 순 바보 같은	be as mad as a March hare
☐ 일 년 내내 똑같은 낡은 옷을 입다	wear the same old suit, year in, year out
☐ 잠깐 동안 각광을 받다	have 15 minutes of fame
☐ 정말로 웃기는(재미있는) 사람	laugh a minute
☐ ~가 힘들(어려울, 곤란할) 때	in one's hour of need
☐ 재임 중에, 근무 중에	on one's watch
☐ (그날 밤의 일을) 끝내다, 활동을 중지하다	call it a night
☐ 고생 끝에 낙이 온다.	There is light at the end of the tunnel.
☐ 순간적인 기분(충동)으로	on the spur of the moment
☐ 진실을 밝힐[진실이 드러나는] 순간	the moment of truth

✓ 관련 어휘 및 표현

☐ 그저께	the day before yesterday
☐ 내일 모레	the day after tomorrow
☐ 매일/매주/매달/매년	daily/weekly/monthly/annually
☐ 정시에	on time
☐ A(10시)시 B(5)분 전이다	It's B(5) to A(10).
☐ A(10)시쯤	around A(10)

지금까지 공부하시느라 고생 많으셨고, 완주하신 것을 축하드립니다!

그동안 궁금했지만 영어로 어떻게 말할지 몰랐던 표현을
모아서 집중적으로 공부해 보신 소감이 어떠신가요?

예전보다 스피킹에 대한 자신감이 조금이라도 더 생기셨나요?
그렇다면 정말 축하드립니다!

스피킹에 대한 자신감이 없었던 과거의 여러분은 이제 잊으시고,
스피킹에 대한 자신감이 넘치는 미래의 여러분을 상상하세요.

지금과 같은 방식으로 새롭고 다양한 표현을 익히시다 보면
영어에 대한 자신감이 더 생기실 테고,
영어에 대한 스트레스는 자연스레 줄어들 것입니다.

다시 한번 끝까지 완주하신 것을 축하드리고,
여러분의 영어 공부 여정을 응원하겠습니다.

이제 막 영어회화 공부에 재미가 들렸는데,
벌써 끝나서 아쉬우시나요?

너무 아쉬워하지 마세요.
홍글리쉬 이게리얼 스피킹 시리즈는 여기서 끝이 아닙니다.
그런 분들을 위해 후속 시리즈가 준비되어 있습니다.

'쇠뿔도 단김에 빼라'는 말이 있듯이
영어회화 공부에 대한 흥미가 생겼을 때
최대한 공부하시는 것을 강력 추천드립니다.

또 다른 주제에 관한 다양한 영어 표현을 공부하고 싶으시다면,
후속 시리즈에서 뵙겠습니다.

또한, 라이팅 공부에 관심 있는 분들을 위한
라이팅 온라인 클래스가 홍글리쉬클래스에 준비되어 있으니,
영어 작문 공부에 관심 있으시면 참고하세요.

홍글리쉬 레알영작
필수편 클래스

영작의 기본기가 부족하신가요?

그렇다면 **홍글리쉬 레알영작 필수편**을 추천드립니다!

본 클래스를 요약하면 이렇습니다!

1
최소한의 재료(단어)를 가지고도 요리(영작)할 수 있는 근본적인 능력을 길러주는 클래스

2
영작을 하면서 생각해야 하는 부분을 콕콕 짚어주고, 영작하는 과정을 차근차근 보여주는 클래스

3
정답 뿐만 아니라 오답까지 긁어모아 '영작을 할 때 흔히 하는 실수'를 알려드리고, 교정해드리는 클래스

본 클래스 수강 추천 대상!

단어는 많이 알지만 이상하게 **영작에 자신이 없는** 사람
근본적인 영작 능력을 이번 기회에 제대로 기르고 싶은 사람
영어 내신 시험에서 항상 서술형 문제 때문에 발목이 잡힌 중학생, 고등학생
잃어버린 영어 공부에 대한 흥미를 **능동적인 영작 공부**를 통해 되찾고 싶은 사람
자연스럽게 독해 능력과 **말하기 능력의 향상**까지 꾀하고 싶은 사람

셀프 테스트 및 온라인 클래스 수강 신청 ▶ www.honglishclass.net

홍글리쉬 레알영작
중급편 클래스

영작의 기본기는 있지만, 그 이상의 실력 향상을 원하시나요?
그렇다면 **홍글리쉬 레알영작 중급편**을 추천드립니다!

본 클래스를 요약하면 이렇습니다!

1
리라이팅(rewriting)
훈련을 통해 영어 표현력을
확장시켜주는
클래스

2
리라이팅(rewriting)
훈련을 통해 영어 문장에
대한 시야를 넓혀주는
클래스

3
영작 기본 능력은 있지만,
한 단계 레벨 업을 원하는
사람들을 위한
클래스

본 클래스 수강 추천 대상!

홍글리쉬 레알영작 **필수편을 수강한 사람**
기본적인 영작 능력은 있지만 **한 단계 더 도약하고 싶은 사람**
영어 내신 시험에서 항상 서술형 문제 때문에 발목이 잡힌 중학생, 고등학생
잃어버린 영어 공부에 대한 흥미를 **능동적인 영작 공부를 통해 되찾고 싶은 사람**
셀프 테스트 결과, 본인 스스로가 **아직 실력이 부족하다고 느끼는 사람**

셀프 테스트 및 온라인 클래스 수강 신청 ▶ www.honglishclass.net

해야 하는 영어를
하고 싶은 영어로!

"여러분의 영어 공부 여정에
홍글리쉬가 함께 하겠습니다."

홍글리쉬는 여러분의 꿈을 향한 목표를
더 빠르게 실현할 수 있도록 끊임없이 노력하는
대한민국 영어전문 교육 브랜드입니다.

www.honglishclass.net

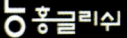